PRENDA O CARA CERTO
ou
DEIXE A FILA ANDAR

JAMIE CALLAN

PRENDA O CARA CERTO ou DEIXE A FILA ANDAR

O guia da garota inteligente para levar os homens
à loucura e encontrar o amor verdadeiro

Tradução
Alda Porto

BestSeller

CIP-BRASIL. CATALOGAÇÃO-NA-FONTE
SINDICATO NACIONAL DOS EDITORES DE LIVROS, RJ

C16p   Callan, Jamie
        Prenda o cara certo ou deixe a fila andar: o guia da
        garota inteligente para levar os homens à loucura e en-
        contrar o amor verdadeiro / Jamie Callan; tradução:
        Alda Porto. - Rio de Janeiro: Best*Seller*, 2008.

        Tradução de: Hooking up or holding out
        ISBN 978-85-7684-162-3

        1. Relações homem-mulher. 2. Encontro (Costumes
        sociais). 3. Companheiro conjugal - Escolha. I. Título.

                                        CDD: 646.77
08-2569   CDU: 392.4

Título original norte-americano
Hooking up or holding out
Copyright © 2006 by Jamie Callan.
Copyright de tradução © 2007 by EDITORA BESTSELLER

Capa: Folio Design
Editoração eletrônica: Abreu's System
Imagem da capa: Fotosearch Banco de Imagens

Direitos exclusivos de publicação em língua portuguesa
para o Brasil adquiridos pela
Editora Best Seller Ltda.
Rua Argentina, 171, parte, São Cristóvão
Rio de Janeiro, RJ – 20921-380
que se reserva a propriedade literária desta tradução

Impresso no Brasil

ISBN
978-85-7684-162-3

PEDIDOS PELO REEMBOLSO POSTAL
Caixa Postal 23.052
Rio de Janeiro, RJ – 20922-970

Para meu pai,
um oficial e cavalheiro

Sumário

Prefácio

> Todos que escrevem sobre questões cívicas mostram — e toda a História prova, com muitíssimos exemplos — que quem organiza um Estado e estabelece suas leis deve supor que todos os homens são maus e agirão com maldade sempre que puderem. Também deve supor que, sempre que a maldade fica oculta por algum tempo, há para isso um motivo oculto, que continua assim por falta de oportunidade para tornar a maldade aparente. Mas o tempo, chamado de pai da virtude, o descobre.
>
> — *O Príncipe*, de Nicolau Maquiavel

Este é um livro revolucionário para as mulheres. Cheio de perigosas dicas que alimentam as chamas do desejo, do anseio, do romance e da sexualidade.

Não é um livro sobre comunicação honesta e aberta, sobre como tentar compreender o companheiro ou como cuidar direito do namorado e alimentá-lo.

Certamente não é um livro de regras.

Na verdade, é um livro sobre como quebrar as regras e ser realmente travessa. Leia-o se estiver disposta a trazer de volta ao namoro a diversão, a intriga e o subterfúgio. Leia-o se estiver pronta para uma deliciosa caçada. Leia-o se estiver realmente preparada e disposta a recuperar o poder de seu sexo.

Você tem nas mãos — neste momento — o mapa de um novo e maravilhoso futuro. Agora, respire fundo e se prepare para a nova revolução sexual.

Mensagem especial para os homens

Tudo bem, você está lendo este livro porque deseja saber que novos truques as mulheres têm na manga. Está nervoso, meio tenso. Eu entendo. Não se preocupe — é normal. Além disso, você está em boas mãos.

Para você, o negócio é o seguinte: na década de 1960, a vida virou uma festa e você era feliz. As mulheres eram supostamente iguais. Queriam sexo tanto quanto você e também não sentiam vergonha disso. Que alívio. Nada mais de jogos; só sexo sensacional sempre que você quisesse.

Agora, está se perguntando: e se tudo isso desaparecer? E se todas as mulheres do mundo de repente não forem mais tão livres e fáceis? E se começarem a fazer os joguinhos sem sexo anteriores à década de 1950: "vou preservar minha virgindade"; "estou com dor de cabeça"; "na verdade estou apaixonada por Roger"? O que vai acontecer, então? Droga!

Ok, fique calmo. Na verdade não é tão ruim quanto parece. Eu sei o que estou fazendo. E faço porque amo os homens. Amo muito. De fato, penso em vocês o tempo todo, e gosto de imaginar novas formas de torturá-los. Brincadeirinha. Pensando bem, talvez não. Mais eis a boa notícia — estou completamente entregue à idéia de tornar o sexo, o amor e o namoro interessantes, criativos e muito mais divertidos.

Por exemplo, quando você joga futebol, tenta fisgar o arisco peixe azul ou calcula uma jogada no xadrez — ou mesmo quando compra ações daquela empresa de alta tecnologia antes de ela mandar o teto pelos ares —, não se sente ótimo? E na verdade não se trata de pegar a isca, o peixe azul, dar o xeque-mate ou arrasar em Wall Street. Trata-se de chegar lá. De usar o cérebro e os músculos para ser mais esperto que os adversários. Isso esquenta a coisa. E é o que você deseja em seus relacionamentos: calor. Muito calor.

Mas aí é que está o problema, rapazes. Vocês são como a velha cobra no serpentário do zoológico de San Diego. De vez em quando, o tratador aparece e joga na gaiola um camundongo congelado que mal derreteu. Vocês o olham cheios de preguiça, abrem um olho e engolem com pesar o troço todo. Tem gosto de papel higiênico e vocês se detestam. Detestam a vida que levam. Odeiam o maldito camundongo morto e as pessoas que olham para vocês boquiabertas pela divisória de vidro.

Cara cobra, velha cobra — eu lhe ofereço algo vivo. Algo inteligente, esperto e divertido. Ofereço uma parceira igual a você neste jogo do amor. Ofereço camundongos vivos e frescos para você perseguir. Não, você não vai pegá-los sempre, mas vai se divertir muito, e se sentir vivo! E creio que isso é melhor que um jantar pronto de camundongo semicongelado em qualquer dia da semana.

Então, cavalheiros, acordem. Abram os olhos. Levantem-se e saiam das gaiolas, porque a caça começa aqui e agora.

Aperte o cinto, meu bem

Admita. Você adora aquela expressão sombria nos olhos de um homem quando ele está apenas um pouquinho frustrado. Ele a quer desesperadamente, e fará qualquer coisa para tê-la. Você adora o jeito como ele usa a lábia, quase com a língua de fora, enquanto lhe paga outro drinque, admira seus olhos, sua boca, o espaço entre seus seios. Adora como ele lhe promete a lua. Adora os truquezinhos que ele usa para chegar mais perto — esfregando sem querer ou de propósito o braço no seu. Delicia-se com o momento em que ele manda a cautela para o espaço e, apesar de todos os riscos, parte para o tudo ou nada e se curva para beijá-la na boca, sem hesitação, sem permissão, com plena consciência de que pode levar um tapa na cara. Mas ainda assim o faz, porque você o deixou louco.

Vamos encarar. Os homens adoram a caça. Adoram vencer a competição. São completamente movidos pelas metas, e mais do que por qualquer outra coisa são movidos pela meta do sexo. Não, não são movidos pelo desejo de ganhar dinheiro, fama ou poder. Nem pelo desejo de ser admirados e apreciados pelas boas ações ou altruísmo. Não, eles são movidos pela necessidade de sexo. Só querem dinheiro, fama, poder e adoração porque acham que isso os ajudará a ter mais sexo!

E a verdade nua e crua é que tão logo têm as necessidades sexuais satisfeitas, e se sentem totalmente saciados, passam a dar menos atenção. Desviam-se. Perdem a concentração. Saem do clima da paquera, de longas caminhadas no parque ou de segurar sua mão sob um céu enluarado. Pode esquecer isso. Veja a coisa assim: depois do sexo, é como se ficassem empanzinados de carne, sem qualquer vontade de se levantar e dar uma corrida em torno da quadra (leia-se:

conversar, elogiar, fazer carinho, namorar, comprar miçangas e dar-nos atenção)! Então, qual é a resposta? Como podemos fazê-los se sentar e se concentrar. Notar-nos, ligar, voltar, paquerar, cortejar, ouvir, amar, adorar, valorizar e nos levar para um fim de semana numa ilha? A resposta é simples e ao mesmo tempo complicadíssima. Devemos nos revoltar contra o sistema.

Vamos ser travessas

Pensem no cinema e na literatura contemporâneos — de *Clube da Luta* a *Revelação*, do *Diário de Bridget Jones* às duas versões de *Crown, o Magnífico*. Pensem naqueles maravilhosos filmes preto-e-branco antigos. Ginger Rogers e Fred Astaire. Katharine Hepburn enfurecendo Spencer Tracy em *A Mulher do Dia*. Marlene Dietrich levando o professor à loucura em *O Anjo Azul*. Cada uma das heroínas desses livros e filmes é muito diferente, mas todas ardentes. Por quê? Porque são imprevisíveis. Malcomportadas. Emocionais. Com vidas bagunçadas. Não são maleáveis nem fáceis. Elas resistem.

Não pensamos no fato de um homem suportar a natureza difícil de uma mulher como sinal de que vai aceitá-la por muito tempo, de que realmente a ama, a entende? Na literatura e no cinema, queremos que o cara lute para ganhar a mocinha, para merecê-la — por que não querer o mesmo em nossas vidas?

O problema é que temos feito o contrário, querendo facilitar tudo para eles, agradá-los. Adoramos sexo, adoramos o amor, adoramos o romance, adoramos os homens — amamos tanto tudo isso que tomamos as rédeas da paquera e viramos as caçadoras, só que às vezes nos perdemos completamente no meio do caminho e acabamos passando por cima de alguns caras muito legais, sinceros e talvez tímidos.

Perguntamos: ué, por que as mulheres não podem ir lá e pedir o que querem? Por que não podemos apenas ser cúmplices de nossos homens? Por que não podemos ser inteiramente honestas com eles? Afinal, os homens não gostam de garotas fáceis de lidar? Confiáveis. Divertidas. Não muito exigentes. Boas de cama. Ávidas por agradar.

Não! É pura bobagem, e além disso não tem graça — é chato! Você mesma já viu homens que deixam as mais fascinantes mulheres pela garota mais improvável, inadequada e aparentemente incompreensível e inimaginável. Por que fazem isso? Porque ficam infelizes e complacentes quando a mulher na vida deles é previsível. A verdade é que querem mulheres meio difíceis. Eles vão negar, mas você vê repetidas vezes homens que se afastam de grandes namoradas/esposas/amantes. Por que fazem isso? A resposta é simples: eles adoram a aventura, a resistência, a luta, a vitória. Adoram qualquer coisa que não tenham. Querem travar um bom combate e conquistar a bela donzela. Ou domar a megera do outro lado da cidade. Ou a mocinha recatada de Connecticut. A menor abandonada com problemas de aprendizado. A garota de passado misterioso. A mulher da Argélia. A gata atração fatal, a misteriosa moça de Bali. A bela mulher do Japão, a outra que se casou com o melhor amigo, a maluca estudante de arte do Kansas, a atriz daquele comercial de xampu.

Os homens querem ser sacudidos até perder o juízo. Sentir-se vivos. Querem uma mudança. Ser estimulados. Alguma coisa nova.

O que essas mulheres têm em comum? Acima de tudo, e o mais importante, elas são diferentes daquela com quem eles estão agora. Também podem ser arredias ou inatingíveis, ou volúveis, loucas, "estranhas", ou apenas simples criações da imaginação deles. Todas oferecem resistência. Podem ser difíceis de capturar, perigosas, ou então apresentar a possibilidade de virar totalmente de cabeça para baixo a vida deles. Às vezes essas mulheres estão apenas fora de alcance, mas não o suficiente. Representam uma paisagem imaginária cheia de possibilidades. Pastos mais verdes. A nova modelo. A maior e mais sobrecarregada coisa com um zilhão de incrementados megahertz da qual só os machos, machos mesmo, estão à altura. É, tudo isso — e ah, sim... êxtase.

O que se pode fazer diante de uma situação aparentemente tão impossível? Como conseguir ser objeto da obsessão de um homem? Na verdade, é relativamente fácil. Trata-se de ser realmente desafiadora — porque você desafia a si mesma. Quando sai a duras penas de um buraco e exige coisas novas de si mesma, você não apenas se sente forte, com direitos e poder, como também atrai os caras quentes!

Isso talvez signifique que você é meio imprevisível, misteriosa ou difícil. Definitivamente, significa abrir mão, de uma vez por todas, da idéia de que deve sempre dar aos homens tudo que eles desejam. O que não quer dizer que você possa ser sempre inteiramente franca com eles. Isso não significa que você não é legal, bondosa, gentil ou que não sabe flertar, e sim que não vai oferecer com tanta facilidade seus carinhos físicos. Você oferece resistência. Isso significa correr o campo, sempre atenta a um novo cara para acrescentar ao seu séquito de admiradores — mesmo depois de casada há cinqüenta anos.

A arte do amor

Para mudar de fato o sistema, você vai começar a levar a sério a arte do romance. Vai criar, conscientemente, um estratégico plano de sedução para cada jogada, a fim de obter o máximo efeito. Vai ter de começar a pensar em si mesma como a heroína de seu próprio romance e a estrela de seu próprio filme. Vai precisar ter alguns segredos, criar certo flerte, ser uma garota travessa, uma namoradeira profissional. Vai ter de fazer o cara esperar um tempo aflitivamente longo para se dignar a conceder-lhe favores sexuais. Vai aprender a flertar, oferecer seus afetos e negá-los. Praticará essa arte todo dia. Verá todo homem que encontre como uma oportunidade de testar seus talentos. Reduzirá a marcha do processo amoroso, para que ele seja de fato apreciado e saboreado. Na estrada do romance, vai deixar a supervia expressa do sexo e tomar as vias secundárias.

Pronta para tudo isso? Então embarque, aperte o cinto e se prepare.

Um pouco de educação para o trânsito

capítulo um

O amor não é uma via expressa

O problema com o amor é a pista rápida

> As mulheres culpam os homens por serem falsos... Mas são elas que disparam do zero à intimidade como uma Ferrari. Quem é mais artificial?
>
> — das memórias de Rick Marin,
> *Cad: Confessions of a Toxic Bachelor*

Os homens querem sexo e nós também. E nós talvez mais ainda do que eles. A verdade é que podemos ter horas e horas, dias e dias de maratona sexual. Realmente adoramos sexo, muito sexo e amor, e sexo e — bem, realmente gostamos da atenção exclusiva do homem certo. Adoramos o desejo, a concentração dele. Assim como os homens dizem que são criaturas visuais e não conseguem deixar de olhar as mulheres, a verdade é que adoramos quando um homem realmente nos vê e se esforça para nos agradar. Adoramos os homens que de fato dão atenção a nossas necessidades e desejos. Gostamos daqueles que notam o que estamos vestindo e a cor do nosso cabelo. Vicejamos sob o olhar masculino.

E os homens vicejam sob o estímulo visual. Então, como fazer um homem concentrar-se numa única mulher: você, apenas você?

Pense no que motiva o homem. Bem, sexo, claro, e se não isso, que tal sexo? Ou talvez uma sublimação sexual — comida, bebida, ganhar dinheiro, corrida de automóvel ou vencer o melhor amigo no squash.

Mas, no fundo, eis o que ele quer: fazer sexo com você.

Você é complicada. Você quer mais

Eis o que você quer: ser cortejada, adorada, paquerada, admirada, ouvida, compreendida, paquerada um pouco mais, perdoada por suas fraquezas e pequenos pecados, caçada, chamada, mimada, cuidada, beijada, amada, amada, amada — e ter sexo sensacional.

Está vendo qual é o problema? Nós queremos mais coisas que eles. Queremos ser paqueradas. Não apenas isso, mas também ser cortejadas com criatividade. Queremos nos divertir, aceitar tudo devagar, para fazer durar. Queremos um namoro que nos dê a oportunidade de usar roupas maravilhosas, comer em ótimos restaurantes, viajar, dançar, ir ao teatro, ao cinema e a eventos esportivos e fins de semana no campo. Algumas querem um homem que lhes compre bugingangas ou as ajudem na carreira, impressionem os amigos, lhes façam companhia diante da lareira nos dias de chuva. Algumas querem amor e casamento, ou talvez um homem que mate todos os inimigos delas (de forma humana, claro).

Você está vendo que queremos muito. Então, como ter certeza de que vamos conseguir tudo que desejamos, além do sexo, que todos querem? Muito simples — temos que dar um jeito de ter tudo antes de fazermos sexo.

Na teoria parece uma boa idéia, mas eu sei o que você está pensando: "Eu preciso de muita paquera, súplica, admiração, amor etc., e homem nenhum vai esperar que eu esteja satisfeita para conseguir sexo!" Não estou diminuindo esse problema. É realmente difícil. Os homens tornaram-se muito mimados, porque a verdade é: se ele quer sexo, mesmo, pode muito bem, com pouco esforço, sair e encontrar uma mulher disposta a transar com ele. Provavelmente ele vai ter que pagar o jantar e um drinque, ser relativamente legal e dizer algumas vezes que ela é de fato atraente, até levá-la para a cama. E se isso não der certo, há um monte de livros no mercado para ajudar os homens no processo de seduzir mulheres — desde a criação de um "harém" (de *Como ter sucesso com as mulheres*) a como cultivar a "garota-boa-para-o-momento" (de *O que querem os homens*) —, descobrir como levá-la rapidamente para a cama e aí, ora, se livrar dela em um mês para que ela não o julgue seu namorado. Os homens sabem o que fazem. Eles vão negar, mas praticam todo dia a arte da sedução, da ilusão e da traição rápidas. É o velho método da paquera "pega e larga". E os homens têm levado a melhor nessa desde a aurora da chamada "revolução sexual". Tantas mulheres e tão pouco tempo, eles pensam. E imaginam, sem a tirania do relógio biológico tiquetaqueando, que podem passar uns bons vinte a trinta anos levando para a cama tantas gatas quanto é humanamente possível antes de sossegar, na meia-idade, com uma bela gatinha de vinte e poucos anos. Sacanas!

Mas esta é a realidade, então a encaremos de frente.

Aulinha de mistério

Eis uma historinha. Imagine o seguinte cenário — um dia, em 1968, uns caras espertos e muito manipuladores viram o movimento feminino e o advento da pílula anticoncepcional, junto com nossa declaração de que desejávamos igualdade entre os sexos e disseram: "Ei , eu posso usar isso para levar mais gatas para a cama! Imagine, por um instante, um pequeno grupo de hippies que se reúne numa noite quente de agosto em Taos, no Novo México, na lagoa em que a comunidade nada, e decide que igualdade de direitos para as mulheres é uma ótima idéia, se significar que elas vão pegar montes de homens e gostar de sexo como eles. Inventam um ótimo nome para isso — Revolução Sexual. Parece um barato, não parece? Muito libertador, excitante e novo. E assim começou a era do Amor Livre. (Como se o amor algum dia pudesse acontecer sem algum preço a pagar.)

Mas a verdade é que essa é a armação mais antiga do mundo.

E nós entramos nessa! Sabe por quê? Porque os homens são muito melhores nesse tal de jogo social/sexual do que nós! Eles o vêm praticando desde que nasceram. Adoram esportes. Adoram estratégia. Adoram fechar um negócio! Fazem isso até dormindo. Nem percebem o que estão fazendo! Mas quando somos nós que fazemos jogos — ah, é chocante e terrível. Por quê? Porque somos tão ruins nisso que eles logo percebem nossas estratégias. A resposta não é honestidade, porque podemos ser honestas com eles, mas eles jamais serão conosco.

Bem, na verdade, às vezes eles são — veja o *The Man Show*. Era um espetáculo no canal norte-americano Comedy Central que apresentava dois caras gordinhos animando um bando de garotas peitudas chamadas de "Tetinhas". No fim de cada programa, as garotas apareciam em saias bem curtas (geralmente preguedas, às vezes plissadas) e saltavam de trampolins, tudo isso filmado em câmera lenta, para que os homens tivessem uma boa visão de pernas, bundas e calcinhas de algodão, enquanto tomavam cerveja, arrotavam e babavam. Essa é a honestidade do homem.

Não é um belo quadro. Deve ser por isso que eles vêem a necessidade de fazer jogos conosco. Se ao menos soubéssemos de toda a verdade, será que teríamos mesmo tanta pressa em tirar a roupa?

Claro que nem todos os homens são assim. Alguns são meigos, sensuais, bonitões, amorosos, sérios, engraçados e verdadeiros príncipes. Querem apenas as mesmas coisas que nós — amor, galanteio, viagem, passeios na praia ao pôr-do-sol e, ah, sim — sexo. Primeiro e antes de mais nada, sexo.

E a verdade é que nós também queremos. Adoramos os homens e precisamos de sexo. Muito sexo. Somos mulheres sensuais. Somos mulheres amorosas. Adoramos sexo e os homens, e, sim, adoramos sexo maravilhoso. Infelizmente, se eles soubessem que o queremos tanto quanto eles, talvez mais — e que vamos em frente e satisfazemos esses desejos, os deles e os nossos, sem esforço —, que poder nos restará quando acordarmos na manhã seguinte, vagamente insatisfeitas e ansiosas por mais — mais abraços, mais elogios, mais atenção, mais romance, mais conversa, mais tempo juntos, mais farras de compras, mais viagens ao campo?

É aí que ele está cansado! Não quer saber de nossas necessidades. Não quer nos comprar presentinos, elogiar-nos nem ouvir os problemas que estamos tendo com o provedor da Internet. Não quer sorrir, concordar ou fazer elogios. Ele faz essas coisas para conseguir sexo. Já lhe demos o sexo. Agora ele quer ir para casa, tomar uma cerveja, ver um pouco de porcaria na TV e tirar um cochilo.

Em termos simples, ele quer sexo, mas você quer sexo e amor. O que você pode fazer?

Faça-o esperar. Torne o caminho para a sua cama difícil — na primeira, na terceira, na sétima vez, e na 57ª também. O acesso à sua cama deve exigir sempre um pouco de criatividade das duas partes. Deve ser uma dança de delicada complexidade. Jamais o deixe tomar isso como certo.

Ah, e assim que ele se meter em sua cama e achar que decifrou você, troque logo a fechadura e a combinação. Ele jamais deve achar que entendeu você. Isso sem dúvida diminuirá um pouco o ritmo das coisas. E é isso o que você quer.

Pense no que estamos tratando nesse caso. Ouça como os homens falam de nós. Eles adoram o esporte dos encontros. Para eles, é um jogo maravilhoso. Estão literalmente tentando levar tantas mulheres quanto possível para a cama antes de se deixar "ser fisgados" por uma gata legal.

Histórico do caso de um canalha

Nas memórias *Cad: Confessions of a Toxic Bachelor*, Rick Marin sugere um toque de alvorada extremamente divertido. Ele passou pelas mulheres como nós passamos pelos sapatos. Como conseguiu? Bem, primeiro ele nos conta como as dobra com drinques, alguns elogios, revelações vagas sobre seu primeiro casamento fracassado, depois tira os óculos e lança a elas um olhar de peixe morto. Depois, você já sabe: acorda com o ofuscante sol da manhã nos olhos, e quando vê aquela garota estranha na cama quer mandá-la embora. Já. Imediatamente! Isso acontece sem parar com Rick, até que um dia ele conhece Ilene. É a única que não vai logo pulando na cama com ele. Difícil. Vive cercada por um círculo de homens que a adoram. É linda, mas não quer "se envolver com ninguém" no momento. Obriga-o a fazer longas viagens na via expressa de Long Island. Deixa-o quente e depois frio. Ridiculariza-o em público e oferece inúmeras de (e adoráveis) desculpas em particular. É uma garota ocupada. Aparece com freqüência, mas nunca está disponível de fato. Repele os avanços dele e o trata como se ele fosse seu "acompanhante", o que significa que a leva para casa e mais nada. Então, o que Rick faz?

Casa-se com ela!

Sugiro que você leia este livro como se fosse sua cabala pessoal de encontros.

Embora os homens se comportem como se o amor fosse um esporte, é nossa tarefa fazer diminuir a marcha e transformá-lo em arte. Você pode perguntar por que essa tarefa é nossa. Por que eles não podem fazer a sua parte e meter o pé no freio?

Por que iriam fazer isso? Para eles, não importa se a relação está começando rápido ou se ela vai acabar tão rápido como começou. Além disso, que cara viril vai ter essa sensibilidade toda, diminuir a marcha, olhá-la com olhos lacrimejantes e dizer: "Querida, podemos ir mais devagar? Estamos indo depressa demais para mim! Eu preciso saber — você se interessa mesmo por mim?" Seja honesta, você quer mesmo estar com um cara desses? Não, quer um cara que tenha atitude, um pouco de *sex appeal*. As tentativas de correr atrás de você, persegui-la, seduzi-la, são sinais de que ele prefere a distância. Então, faça-o entrar numa longa corrida. Faça-o correr uma maratona, não cem metros rasos.

O mito do cara sensível:
o nascimento do bebezão

Em geral, quando o motor do cara não acelera no arranque, é porque lhe faltam vitalidade, força e interesse. Na certa ele é cheio de conflitos ou é um babaca (ver o excelente artigo de Rachel Elder "What up Wimster" [Que é Que há, Bundão?], na edição do verão de 2004 da revista *Bust*), ou talvez apenas não esteja disponível para você no momento. Na verdade, pode ser que ele seja casado. Às vezes o cara de motor empacado é tímido mesmo, ou foi sacaneado, ou tem um cuidado excessivo por vários motivos. Isso ainda não quer dizer que deve ser você a enfiar o pé no acelerador. Isso é o mesmo que procurar uma batida, porque o problema é que o homem não tem mecanismo de freio. Ele a deixa fazer todo o trabalho — a caçada, os telefonemas, a conta do jantar — e entrar na dança dele, e aí liga para ela uma noite e diz: "Puxa vida, esqueci de lhe dizer: ainda estou apaixonado por minha ex-namorada. Tudo bem, ela mora em Cincinnati, é casada e não nos falamos há anos, mas não consigo tirá-la da cabeça e não quero enganar nem magoar você." Esta declaração vem após três meses de sexo sensacional.

E digamos que ele, honestamente, não esteja pronto para correr atrás de você. Digamos que vai voltar para a escola, recuperar-se de um divórcio, consertar as finanças, decidir quem é ele mesmo etc. etc., e não está equipado para caçá-la. Expandindo a metáfora, está na oficina, precisa de uma revisão, talvez um novo carburador. Deixe-o para lá. Você não vai querer estar com um cara que vai precisar de ajuda na estrada no meio de uma noite de chuva porque o carro quebrou mais uma vez no acostamento.

E, finalmente, eis uma explicação científica para o motivo de ser bom oferecer um pouco de resistência aos homens. É simplesmente lógico que, quando um homem empurra tudo para a frente e a mulher para trás, os dois criem movimento. Isso o faz trabalhar para chegar a você — e desse esforço surgem atrito, drama, impulso, poder, romance, tensão sexual e muito calor. Trata-se de termodinâmica. Vocês precisam do empurrão e do empuxo. É o que dá vapor ao sexo, meu bem.

Mulheres de todo o mundo, uni-vos!

Se todas trabalharmos juntas num esforço coordenado, podemos reestruturar um sistema de encontros que foi para o brejo. Comecemos indo mais devagar e negando um pouco. Mostremos aos homens um ar de inatingíveis. Isso não vai esfriar o ânimo deles, e sim inflamá-lo. Nenhum homem valoriza verdadeiramente algo que consegue com facilidade, sem esforço. Não, tanto homens como mulheres valorizam o que está um pouco fora de alcance, que é lindo, supercharmoso e cobiçado por outros. Pense num excelente restaurante, num vinho raro ou num destino de férias difícil de alcançar. É a coisa fina, rara, que o homem não consegue sem paciência, esforço, anseio e competição, que alimenta as chamas do seu desejo.

Por que você vai esperar por sexo, se sexo é tudo o que realmente quer? Por que criar um ar de mistério e indisponibilidade? Por que criar um senso de competição e exclusividade? Somos todas mulheres modernas. Por que simplesmente não fazer sexo quando bater a vontade? Bem, talvez seja verdade que umas rapidinhas no mato tenham lá seus encantos, mas depois de algum tempo — digamos com uma dezena de homens diferentes (ou canalhas, na verdade) — a gente se cansa e pode até ficar meio aborrecida ou ferida com todos aqueles espinhos encontrados nos arbustos. Em última análise, não tem tanta graça assim. Esse tipo de sexo, sobretudo quando repetido inúmeras vezes com caras que vêm e vão, deixa a garota se sentindo insatisfeita. Claro, é nosso direito fazer sexo quantas vezes quisermos, assumir nossa sexualidade, mandar em nossos corpos. É por isso que nossas avós, mães e nós mesmas lutamos antes e continuamos a lutar agora — mas estávamos mesmo pensando em nossos próprios interesses?

Eis uma falha nessa idéia de oportunidades sexuais iguais — as mulheres não gostam de sexo da mesma forma que os homens. Claro, isso não é surpresa. Mas por que acreditamos que, se fôssemos suficientemente livres, poderíamos gostar da mesma forma que eles? É uma idéia ridícula, pois a verdade é que normalmente gostamos mais. É só pegar o velho livro de Edith Hamilton sobre mitologia grega e procurar Tirésias. Para decidir uma discussão entre Zeus e Hera sobre quem gosta mais de sexo — homem ou mulher —, Tirésias se transforma num homem mortal para fazer sexo, e depois numa mulher. Diz a Zeus e a Hera que as mulheres, absoluta e inigualavelmente, gostam mais de sexo do que os homens!

E não é mesmo verdade? Então, por que você quer ser igual a um homem? Por que não desfrutar do sexo como uma mulher? O que significa isso? Bem, você prefere não ter pressa; para você, há no amor bem-feito um elemento emocional; você é menos linear e mais indireta do que um homem. Interessa-se menos pelo impulso aristotélico do incidente, seguido pela rápida e crescente tensão dirigida ao clímax e depois descendo rápido para a resolução (leia-se: sono). Não, você gosta de uma ida e vinda mais circulares, um tipo tântrico de fazer amor sem princípio nem fim, que apenas continua e continua e continua e continua.

E isso assusta os homens!

A verdade sobre o homem das cavernas

É por isso que eles ficam nervosos e procuram outra coisa, uma coisa nova: porque jamais podem nos dar o suficiente, e sabem disso. Por isso é que têm de rastejar para suas "cavernas" de vez em quando, como explica John Gray em *Homens são de Marte, mulheres são de Vênus.* Durante esse frágil esgotamento pós-sexo, os homens ficam numa condição defensiva e descem rápido para o modo de fuga. Se você fez sexo com um homem que realmente não ama e os dois investiram pouco tempo ou experiência, e se ele jamais teve de cortejá-la, esperar um tempo angustiante para levá-la para a cama ou desistir da competição, essa fuga será mais que apenas uma estada na caverna próxima. Ele correrá para uma caverna em outra zona de tempo, e você na certa não voltará a ter notícias dele até a próxima vez que ele estiver desesperadamente necessitado de sexo. Não de sua companhia, nem de seu belo sorriso, nem de sua mente espantosa ou de sua personalidade faiscante, mas do sexo. É o que ele quer. É o que o impele — pelo menos até chegar mesmo a conhecê-la como um verdadeiro ser humano. Mas isso nunca vai acontecer se ele não a conhecer fora do contexto sexual, o que sem dúvida não ocorrerá após três encontros.

Então, o que fazer?

Primeiro, faça-o reduzir a marcha. Como? Bem, não se mostrando fácil e dando-lhe o que ele quer sempre que desejar. Se ele desistir porque você não quer sexo logo, esqueça-o. Ele não estava a fim do longo prazo. Não tem visão nem criatividade; não sabe nada sobre paquera ou sedução; não tem paciência nem imaginação. E na certa ainda está apaixonado por aquela garota de Cincinnati. Boa viagem.

Ele não pode comprar seu amor

Faça-o esperar. Deixe passar meses. Deixe-o ser um canalha, exatamente como Rick Marin, e fazer o que quer da sua maneira cafajeste, só que não com você. Se os dois saem juntos e ele gasta uma grana preta para impressioná-la, e isso a deixa constrangida, ponha um fim na história. Não se deixe levar pela venda de alta pressão. Em vez disso, mantenha-o a distância. Não o deixe distraí-la com coisas brilhantes e jantares caros. Agüente o máximo possível. Baixe a pressão sexual. Jamais vá ao apartamento dele tarde da noite nem o receba em sua casa sozinha. Os homens interpretam isso como um sinal de que a barra está limpa. Mantenha tudo leve. Divertido. Flerte, mas seja misteriosa, e o mais importante: arme o cenário. Ele precisa ver que sua companhia é disputada, por isso se exiba. Vá a festas e eventos onde montes de caras disputem sua atenção. Tente dar um jeito de que ele testemunhe o poder de seus encantos. Deixe-o vê-la fazer o que você faz melhor — tocar piano, fazer seu próprio sushi, trabalhar como voluntária num abrigo de sem-teto. Ele deve vê-la como uma força no mundo. Deve entender que você é respeitada, realizada, amada, adorada e cercada por outros homens.

O motivo pelo qual sugiro isso não se deve a nenhum manifesto feminista, e sim, neste caso, por uma razão muito menos idealista. Um cara vai ter muito mais cuidado com uma mulher que faz parte de uma comunidade, é respeitada, realizada e tem ligações. Ele terá mais a arriscar se souber que está sendo "vigiado", e tentará agradá-la com mais empenho.

Você pode ser afetuosa e namorar muito, mas fique longe das insinuações sexuais evidentes. Ele tentará trazer a questão sexual à conversa de forma sutil. Mantenha distância. Você deve deixá-lo no escuro a respeito de suas verdadeiras intenções. Seja educada, apropriada, meiga, sensual, mas não sexual. Deixe-o imaginando.

Após algum tempo, pode começar a dar-lhe presentinhos. Um beijo, um toque, um abraço etc. Mas demore muito a ficar nua. Ele vai ficar frustrado, e um homem frustrado é muito mais criativo, muito mais disposto a dar duro para conseguir o que quer. O homem frustrado será um amante inigualável quando chegar a hora. Estará decidido e muitíssimo excitado. E o mais importante, o homem que esperou muito terá muito mais coisas investidas no relacionamento (tempo, dinheiro, estratégias, amizades mútuas, os segredos dele, os seus). E, a longo prazo, é menos provável que a dispense por um capricho. Além do mais, isso dará a você a chance de descobrir quem de fato ele é, e se quer realmente estar com esse homem. Por que perder tempo dirigindo para o lado errado durante quilômetros e quilômetros? Por que desperdiçar energia com um cara que quer apenas dar uma rapidinha e se mandar? Por que se deixar tirar de circulação por um cara que não a merece?

Não, o processo de entrevista deve ocorrer fora do quarto, quando você tem as idéias claras.

Dificulte o rompimento

Eis outra vantagem de fazê-lo esperar. Após meses de encontros, você está num relacionamento. Não há como negar. Até os livros sobre sedução de mulheres dizem aos caras que, após seis semanas, eles estão num relacionamento, e é muito mais difícil cair fora. Em *Como se dar bem com as mulheres*, Ron Louis e David Copeland explicam: "Uma das partes mais difíceis de ser um sedutor bem-sucedido é o processo de rompimento." Eles aconselham que os homens não saiam com uma mulher por mais de um mês, porque, bem, após um mês tudo começa a ficar sério. Fica mais difícil se separar e tudo se complica. Vocês passam a conhecer os amigos e família um do outro. Se o homem é daqueles que atropelam e fogem, depois de um mês haverá testemunhas do crime. Assim, se você chegar a conhecê-lo e ele a acompanhar a festas, espetáculos e eventos, e conhecer seus amigos e família, é muito menos provável que a veja como a próxima vítima. Não vai colocá-la numa posição comprometedora e depois dar o fora, sabendo que não há ninguém em volta para denunciar seu comportamento canalha.

Pense bem — algum homem já lamentou o fato de você fazê-lo esperar? Não. Em segredo, eles adoram — é sexy. É excitante. É preliminar. A emoção da caça. Os homens só se aborrecem com a espera quando querem uma rapidinha. Entra fácil. Sai fácil. E quem quer sexo fast-food? É barato e gorduroso, e deixa a gente se sentindo inchada no dia seguinte.

Talvez você diga: "Mas não dá para me apaixonar por um homem se não fizer sexo com ele. O bom sexo é que realmente me amarra." E daí? O que há de tão sensacional em se amarrar num cara bom na cama e ruim na vida? Só porque um homem é bom amante, isso não quer dizer que ele vai tratá-la bem fora do quarto. Não quer dizer sequer que ele vai estar com você por muito tempo. E você tem de se perguntar — como ele é tão bom de cama com uma garota que mal conhece? Talvez ele faça muito isso.

E pense nos caras que são de fato muito bons de cama mas simplesmente incapazes de fazer sexo com uma quase desconhecida. Esses camaradas muitas vezes são os amantes com mais criatividade, porque agregam intimidade, emoção e amor ao sexo desde o começo, já que levaram tempo — às vezes muito tempo — para formar primeiro uma base de amizade. Mas se você está sendo amarrada (talvez literalmente) por um Casanova, há uma boa chance de nem estar por perto para notar quando chegar às vias de fato.

Durante esse período de espera, saia com outros caras. Mantenha muitos ovos na cesta. E se você se interessar mesmo por outro homem, use essa fase platônica para pensar seriamente se quer intimidade com ele. É uma grande oportunidade de ver como ele se sai na arena da paquera. É sedutor, brincalhão, criativo, paciente? Ou perde a paciência, age feito um babaca e se emburra? É bom descobrir essas coisas antes de deixá-lo chegar muito perto. Isso parece simples bom senso, mas você ficaria surpresa ao saber quantas mulheres oferecem seus favores sexuais a homens que parecem adoráveis nos três primeiros encontros e depois se tornam babacas de repente.

Existe uma arte para amor e sexo. Tudo pode ser belo, apaixonado, perturbador, emocionante, inteligente, instigante e delicioso — se você estiver disposta a não se apressar.

O fim da namorada instantânea e do amor fast-food

Trate o flerte e o amor como uma grande arte; não um jogo, não uma competição, e sim uma arte. Uma produção teatral. Algo bem-feito e belo. Uma refeição elegante preparada com amor, ternura e inteligência, e não um lixo fast-food, uma péssima comédia de situação, um desenho para colorir ligando os pontos ou um número de dança que ninguém ensaiou nem se preocupou com a iluminação ou o traje, ou em conhecer de fato os movimentos, os ritmos e o estilo dos parceiros. Quando se elevam os conceitos de amor e namoro à arte, o sexo não será algo bagunçado e confuso, que ocorre no calor do momento e você lamenta na manhã seguinte, deitada entre os lençóis embolados, tentando lembrar o nome do cara que jogou sua calcinha em cima da cômoda. Sempre soubemos que, quando se trata de sexo e namoro, as mulheres estão no banco do motorista, mas por algum motivo estranho/maluco entregamos o volante aos caras, e sabe do que mais? Eles são motoristas imprudentes. Demônios da velocidade. Não têm o menor senso de cortesia no trânsito. Meninas, é hora de retomar o controle.

capítulo dois

O que deixa os homens ligadões?

Sexo. Se não for isso, que tal sexo? E, claro, sempre tem o sexo!

> Como homens, adoramos a conquista. Adoramos a realização que é conseguir a mulher que a princípio parecia impossível e saber que agora "a temos".
>
> — *Como se dar bem com as mulheres*,
> Ron Louis e David Copeland

Ouça-os, apenas. Veja os filmes que eles produzem, as séries de televisão que escrevem, os livros que publicam e resenham. Ouça os discursos que fazem. Assista às suas comédias. Escute suas conversas sem eles saberem. Pergunte a eles. O ponto de vista masculino não é nenhum grande segredo. Os homens são completamente bobos quando se trata de demonstrar suas necessidades e carências. Simplesmente não queremos acreditar que dizem a verdade. Nós somos tão ingênuas, estamos sempre tentando adivinhar o que de fato se passa sob a superfície: que traumas de infância ou pressões sexuais devem ter feito o homem tornar-se tal serpente.

Mesmo que eles digam: "Não, não somos serpentes. Somos bonzinhos. Somos sensíveis. Somos mal compreendidos! Ora, somos carentes das partes íntimas femininas!" Não acreditem, eles dizem isso apenas para enfiar a mão em suas calcinhas.

Por quê? Porque são serpentes! E mesmo que não sejam, são!

Está tudo na pesquisa, meu bem

Pesquise. Ouça o que os autores de *O que os homens procuram* e *Case comigo — Guia para conquistar o homem certo*, Bradley Gerstman, Christopher Pizzo e Rich Selds (um advogado, um contador público autorizado e um médico, senhoras!), dizem. Eles gostariam que as mulheres soubessem a respeito deles:

1. Chateiam-se facilmente. Isso faz parte de sua estrutura anatômica. As pobres criaturas não podem evitar. Ficam excitados, duros, mais duros, gozam e depois querem fugir ou ir dormir. Não gostam de ser vistos ou tocados nesse estado de esgotamento. Isso os faz se sentirem vulneráveis. Uma maneira de evitarem a vulnerabilidade é dar o fora enquanto está bom e encontrar novas mulheres. E se não podem fazer isso, que tal ficar na esbórnia com os amigos?

2. Os homens gostam de variedade. A fidelidade é realmente difícil para eles. Mais uma vez, isso se deve à vulnerabilidade após uma relação sexual, e além disso têm grande dificuldade para integrar sexo e amizade. Por mais retrógrado que pareça, a maioria dos homens pensa no sexo como "promíscuo", como algo que se faz com garotas "promíscuas", e quando acordam na manhã seguinte e se lembram que na verdade não estão com uma garota "promíscua", e sim muito bacana (a não ser que você seja mesmo uma garota "promíscua"), entram em pânico. Sentem-se culpados e querem uma nova garota para "poluir".

3. Os homens adoram seus pênis. Vêem-nos como uma espada mágica. Podem derrubar muralhas de castelos, vencer o inimigo e impor sua vontade a algumas donzelas — tudo isso com a espada mágica do pênis!

O pênis mágico

Francamente, essa última parte se aplica aos homens — não importam a idade nem quantos anos tenham levado para se acostumar às atividades mágicas de seus pênis; ainda assim é espantoso. E, sim, eles pensam em si mesmos como cavaleiros de armaduras reluzentes. Por mais lugar-comum que pareça, o homem gosta de pensar na mulher como uma donzela. Como o único que já dormiu com você. Além disso, é o único a despertar sua sexualidade. Muitos homens podem querê-la, mas só ele teve força e bravura suficientes para conquistá-la.

Se você não é uma noiva virgem, é a prostituta monstruosa e demoníaca do inferno. Ou a simples rameira do outro lado da cidade. Ou talvez a putinha com o coração de ouro. Ou a vagabunda, cachorra, messalina, e assim por diante. É difícil acreditar em todos os nomes que dão à mulher sexual. Ou é uma coisa ou é outra. Isso acontece apenas porque o homem simplesmente não confia na mulher realmente sexual. Ela o assusta, mesmo. Porque ele é realmente inseguro e tem muita consciência das limitações do pênis mágico. Ele sabe que tudo que sobe, desce. Sabe que há dias em que o pênis não é tão mágico assim. Sabe que todos os homens têm pênis mágicos. E alguns maiores ou melhores que o dele. Além disso, há a profunda memória freudiana da comparação do pênis de menino com o grande e adulto do pai, e a súbita compreensão de que nunca vai realmente atrair a atenção da mãe como um espécime de virilidade tão maravilhoso.

Tudo bem, editei aqui, e você não vai encontrar tudo isso em *O que os homens procuram*, mas a verdade é que tudo isso o deixa nervoso. Ele não gosta de pensar que talvez você tenha visto alguns pênis mágicos maiores e melhores que o dele. Gosta de acreditar que você acha o pênis dele o maior, o mais maravilhoso e mágico de toda a história do universo. E a única maneira de se convencer de que você realmente pensa assim é dizer a si mesmo (por mais ridículo que pareça) que você jamais esteve com outros pênis mágicos tão maravilhosos como o dele.

Em *O que os homens procuram*, os autores são inteiramente honestos e diretos. Dizem-nos com todas as letras o que procuram. Eis um resumo dos fatos essenciais (com pouquíssima intromissão minha, eu juro).

Preparem-se.

1. Os homens dividem as mulheres em duas categorias — as "boas-para-o-momento" (ou seja, boas para sexo) e a "boa moça", com a qual talvez queiram casar-se, se ela for tudo o que eles buscam e precisam numa mulher (e mamãe aprove).

2. Os homens gostam que a garota com a qual se casa faça comidinha caseira para eles.

3. Os homens também gostam que essas garotas arrumem a cama deles após passar a noite e dêem um jeito na casa.

4. Os homens gostam de um boquete.

5. Os homens toleram chupar as mulheres, mas se certificam antes de que elas estejam "limpas" e "bem preparadas".
6. Os homens gostam de muito boquete.
7. Os homens gostam de variedade.
8. Os homens gostam de lingerie.
9. Os homens gostam de mulheres que não falem muito de suas vidas.
10. Os homens gostam de mulheres que *os* ouçam falar sobre *suas* vidas.
11. Os homens gostam de boquete, e "não pare enquanto ele não acabar".
12. Os homens enganam as mulheres que supostamente amam (mas só porque "eles têm esses desejos corroendo-os por dentro o tempo todo").
13. Os homens não gostam quando você os faz sentir ciúmes. (Mas não se atreva a ter ciúme quando eles comem as outras mulheres com os olhos — afinal, eles têm aqueles desejos que os corroem por dentro o tempo todo.)
14. Os homens na verdade não querem se casar.
15. Os homens gostam de mulherões.
16. Os homens gostam de muito sexo (especialmente boquete)!
17. Os homens não gostam de falar de sexo; gostam de fazer sexo.
18. Os homens gostam que as mulheres sorriam para eles, encorajem a conversa, flertem, dêem o número do telefone, toquem neles delicada mas sedutoramente para indicar receptividade, estejam em casa quando eles ligarem, sejam legais mesmo no pri-

meiro encontro, os ouçam, não falem demais sobre nada importante e liguem depois do primeiro
encontro para lhes garantir que foi maravilhoso (a
não ser que ele não goste muito de você — nesse
caso, por favor, não ligue nunca).

19. Os homens gostam quando você lhes compra presentes.

20. Os homens gostam de boquete, mas se isso ficar
chato, gostam de sexo anal.

Tudo bem, ficou completamente apavorada? Não fique. Trata-se apenas de três caras comuns que tentam ser
honestos. São muito poucos os subterfúgios. De certa forma, é inovador.

Em vez de se aborrecer, pense em formas de usar essas
informações para levar os homens à loucura. Pense na idéia
da "boa moça" e da "garota-boa-para-o-momento". O que
isso significa exatamente? Apenas o seguinte: o cara corre
atrás, dorme com tantas mulheres quanto possível, aprecia
o cenário, até que um dia sossega com uma "boa moça".
Segundo nossos profissionais liberais, a boa moça não tem
tanta pressa de "dar" quanto a "garota boa-para-o-momento". A boa moça acompanha a mãe, cozinha, compra
presentes para ele e satisfaz suas necessidades. Não é aquela com brinquedos sexuais que acabou de chegar de Paris
para o fim de semana, com uma garrafa de Veuve Clicquot
e duas horas para matar antes de pegar um vôo para o outro
lado do país. Essa garota é "boa-para-o-momento". Muito boa, por enquanto, se você perguntar ao cara. Como ele
pode recusar uma oportunidade tão sensacional?

Não desperdice as calorias

Francamente, às vezes é divertido bancar a "garota-boa-para-o-momento", e sem dúvida já estivemos com homens que consideramos assim, mas em última análise esse jogo tem muitas calorias vazias e é uma distração que nos impede de cultivar admiradores mais adequados e dignos. Além do mais, é uma terrível perda de tempo. E, como mulheres, não temos tanto tempo assim a perder. Por mais rude e injusto que pareça, nosso poder de atração está atrelado à nossa beleza, e neste mundo, neste momento, juventude é beleza. É, o cérebro é bonito, o talento é bonito, dinheiro e sucesso são bonitos e poderosos. Mas para a mulher que deseja encontrar o verdadeiro amor neste momento da história, o poder da boa aparência é fundamental. Isso não quer dizer que haja um prazo de validade para a beleza, e que esta seja a única fonte de poder da mulher. Quer dizer apenas que, à medida que envelhecemos, nosso recurso mais poderoso no mundo dos encontros vai diminuindo também. Assim, por que perder tempo, beleza e juventude com um cara superficial, que só a quer para ser sua "garota-boa-para-o-momento"?

E se você estiver interessada em iniciar uma família, lembre que nossa fertilidade tem prazo de validade (embora, em *Backlash: o contra-ataque na guerra não declarada contra as mulheres*, Susan Faludi explique como esse prazo foi manipulado para nos assustar e nos deixar tão nervosas que nos casamos com qualquer velho idiota que apareça com um penteado decente e um saco de sêmen). Tudo bem, eu inventei esta última parte, mas pense no fato de que os homens adoram pensar em sua reserva quase ilimitada de esperma. Eles dizem coisas como "temos dificuldade para ser fiéis porque precisamos espalhar nossa semente" (ver *O que os homens procuram*). Gostam de imaginar todo esse esperma disparando e girando dentro de seus corpos, ansiosos para se liberar rapidamente no mundo, como uma espécie de Johnny Appleseed do sexo.

Tudo isso parece muito injusto quando se pensa a respeito — os homens espalhados por aí agarrando tantas mulheres quanto possível, no mais curto espaço de tempo possível, como se disputassem o ouro nas Olimpíadas do Sexo.

O que a garota vai fazer? Bem, podemos parar de lhes dar o troféu uma vez sim, outra não. Podemos dificultar-lhes o alcance da meta e a conquista do grande prêmio. Como? Ora, pensem no Grand Prix. Por que vai nos importar se o cara do carro azul alcançar a linha de chegada em cinco ou dez minutos? Eu lhes digo por quê — porque o do carro vermelho vem logo atrás, e porque o caubói do Tennessee avança para a dianteira. Porque o piloto de Atlanta acabou de bater na lateral. Porque o veterano do carro amarelo faz um retorno triunfal. Porque o dissidente de Nova York ameaça virar toda a corrida com uma vitória inesperada.

A emoção da caça

Os homens adoram a competição e, admita, você adora que eles a disputem — com criatividade, claro. Pode parecer retrógrado, mas pense nisso — você sabe que é verdade. E sempre foi, mas os homens não vão admitir que ver uma mulher cercada de admiradores, sorrindo e flertando, os deixa loucos de desejo. Mas deixa. Porque eles parecem cães de caça.

Você já viu essa cena? Você está numa festa e uma das mulheres parece dominar todas as atenções. Não porque seja necessariamente a mais bonita ou inteligente, nem tenha o melhor papo, mas porque tem algo mais. Um homem se aproxima, fareja, balança o rabinho, excitado, e de repente outro cão (quer dizer, homem) empina as orelhas e corre para ver o que é tão excitante. Quando menos se espera, antes que se perceba, já existe uma matilha de homens cercando a tal mulher. Por quê? Porque eles têm esse instinto de cão de caça. Não querem perder o que o outro cara descobriu primeiro. Querem o que ele tem. É aí que *As Regras* dão errado, quando aconselham as mulheres a não falar com os homens, mas apenas circular pela sala com um copo d'água. Copo d'água? Meu Deus, dêem a essa mulher uma dose de uísque — para passar por isso, sem poder falar com um homem se ele não falar com ela antes. Eca!

Não, da próxima vez que você estiver numa festa, tente esta experiência: em vez de se isolar e esperar que o Príncipe Encantado a veja olhando para ele e se aproxime, converse com um cara bonitão. Seja radiante e se mostre interessada nele. Seja simpática. Ele vai ficar excitado com a atenção. Na certa achará que vai faturar nessa noite, mas a verdade é que ele é apenas sua isca, porque assim que você iniciar essa conversinha amena, verá o instinto do cão de caça predominar, e antes que perceba estará cercada por caudas abanando. Quer dizer, homens abanando o rabo. Desculpe, quero dizer cavalheiros muito interessados.

Assim que concluir sua missão, afaste-se. Vá pegar uma bebida. Tudo, menos água! E depois vá para casa — esta é apenas a sua primeira Aula de Direção. Uma pequena introdução aos poderes do seu sexo. Faz tanto tempo que provocamos e deixamos os homens na mão que acabamos esquecendo como somos realmente poderosas e como eles precisam de nós. Sugiro essa experiência — flertar e ir embora sem o cara, mas com muitos golpes no ego — por dois motivos. Primeiro, no mundo masculino, isso vai lhe dar uma aura de inatingível e misteriosa. A garota que se mandou. Porém, mais do que isso, o fato de não se envolver logo com qualquer um a levará a se curar e se sentir bem consigo mesma, com o fato de ser desejada, com seus poderes sexuais, e curará as feridas que talvez tenham sido infligidas nas experiências anteriores.

Não é culpa sua

Eis a triste verdade: nós, mulheres, tendemos a nos culpar pelo comportamento bruto dos homens. Na verdade, o mundo parece culpar-nos por sermos legais e dignas de confiança. Ouça as entrevistas conservadoras no rádio. Vá à livraria do bairro e anote: 99 por cento dos livros sobre relacionamentos se dirigem às mulheres, como se fosse tarefa delas dar um jeito em tudo. Como se fosse culpa delas os relacionamentos não funcionarem. Como se fôssemos as vítimas e as culpadas por isso. Vá à livraria e você verá 227 livros dirigidos às mulheres, para ajudá-las a fazer seus relacionamentos com os homens darem certo, e três aos homens, sobre como dar uma trepada.

Sacanas!

Tudo bem, fique calma. Examinemos o significado mais profundo disso. O mundo nos diz que os homens só querem sexo e que não se interessam particularmente em trabalhar seus relacionamentos. Também nos diz que, se um relacionamento não está bom, a culpa é nossa. Você não encontrará um único livro sobre por que e como os homens devem parar de ser tão tarados. Por quê? Porque o mundo aplaude o garanhão. Ele chega a ser quase um herói internacional. Na verdade, os garanhões têm um torneio anual em Copenhague, onde competem por prêmios que vão de calcinhas levemente sujas de estrelas iniciantes a enormes somas em dinheiro vivo e carros grátis.

Ok, eu inventei a última parte.

Mas — à parte — você sabia que no Japão há máquinas onde os homens podem comprar a calcinha branca de algodão supostamente usada por autênticas japonesinhas em idade escolar? Não é interessante?

Só podem ser alguns remanescentes primitivos do cheiro da caça.

Análise detalhada do canalha

Vamos dar outra olhada na jornada romântica de nosso canalha preferido, Rick Marin. Quando ele conhece Ilene, ela o ignora. Tempos depois, numa noite de leite e biscoitinhos, ele pergunta à sua vizinha de baixo se ela acha que Ilene será sua futura esposa. A mamãe — quer dizer, a amiga — responde, aplicando psicologia inversa ao pobre coitado: "Não. Difícil demais. Você não vai querer ter esse trabalho todo."

Quando Rick encontra com Ilene de novo, no Algonquin*, ela está cercada por um séquito de admiradores do ramo editorial, um deles seu ex-namorado Malucci — em

---

* Restaurante em Nova York freqüentado por escritores. (*N. da. T.*)

cujo charuto a bela dá baforadas —, que provoca Rick impiedosamente com seu jeito de garanhão. Constrangido, ele se apressa em cair fora. Então, o que faz em seguida? Passa a ser o novo acompanhante dela. Após três meses de encontros, os dois começam a se agarrar no carro. Mas nada de sexo, ainda não.

Os meses passam, e Rick sofre muito. Seu pai morre, e ele amadurece um pouco. No fim do verão, eles acabam consumando o amor, em Hamptons.

O que você conclui disso?

Bem, vamos analisar um pouco o livro. Pergunte a si mesma o que Ilene tem que as outras não têm, aquelas que mergulham no que o canalha chama de "constante fluxo e refluxo de mulheres de Nova York, a eterna renovação de gatas"?

* Ela infla o ego dele e o ajuda na carreira.
* Ela é uma espécie de prêmio cobiçado por outros homens.
* Ela tem um ex-namorado que ainda tenta voltar à sua vida.
* Ela é um desafio intelectual.
* Ela não é acessível demais às carícias. Faz com que ele espere muito, muito tempo pelo sexo.
* Ela banca a quente e a fria. É imprevisível.
* Ela cozinha!
* Ela pega o Mercedes dos pais emprestado e os dois rodam pelo bairro à procura de um colega de turma para conseguir jogar ovo na casa dele, pois nunca foram além do nono ano. (Ela é engraçada. Ah, e os pais têm mesmo um carro bacana.)
* Ela é diferente. Não é espanhola, como Rick. É judia, mas no fim das contas ele percebe que "a bainha da saia preta dela é meio cucaracha".

* Ela saca o jeito cafajeste dele e não lhe permite mais ficar impune nisso.

Rick decide casar-se com Ilene antes mesmo de ir para a cama com ela. Eu gostaria de repetir isso: Rick decide casar-se com Ilene antes mesmo de ir para a cama com ela. Jovens motoristas, estão tomando nota?

Então, embora seja verdade que o sexo motiva os homens, o sexo fácil não os estimula. O que os move são a caça, a espera, a luta, a tortura, o desejo crescente e, finalmente, a consumação. Ah, é o êxtase!

Por mais que eu deteste admitir, talvez, afinal, os canalhas não sejam tão diferentes assim de nós.

Então, que comecem os jogos.

capítulo três

Os jogos que os homens fazem

Você leu Maquiavel
recentemente?
Os homens sim.

Não é que os homens sejam tão maus assim. São apenas muito espertos. Sabem o que querem e como conseguir. A maioria não é má nem cruel. Eles adoram as mulheres. Adoram o sexo. Adoram muitas mulheres e muito sexo. Não há nada de errado nisso. Faz parte da natureza deles. O que não faz parte da natureza deles é ir devagar e depois sossegar com uma só mulher. Não mesmo. Os homens não gostam da perspectiva de perder a liberdade, perder as oportunidades de correr o mundo em busca de novas mulheres, diferentes, exóticas — caçá-las, capturá-las e depois se entregar a novas aventuras sexuais. Para eles, a idéia de compromisso com o suposto par ideal é uma forma de desordem, um fim da força vital. Deixa-os realmente tristes. A imagem de uma casa em Connecticut, dois filhos pequenos, um pátio e uma tarde de sábado recolhendo folhas manda-os correndo para as montanhas. Para um homem, isso simplesmente não parece ter graça alguma. Parece que ele vai ser expulso da loja de doces e ser mantido prisioneiro no inferno, onde será sufocado aos poucos por estampas florais, armários de banheiro transbordando de maquiagem e produtos de higiene feminina, e, ah, sim, tecido cor-de-rosa.

E se uma coelhinha precisar de ajuda?!

Nós temos sido muito complacentes — damos aos homens a chave da loja de doces pensando que um dia eles vão ficar satisfeitos e querer sossegar com uma só mulher. Mas a verdade é que, não importa o quanto achamos engraçada a idéia de os homens, com seus zilhões de espermas, esperarem para se soltar no mundo e engravidar (ou simbolicamente engravidar) tantas mulheres quanto possível — há algo profundo nesse impulso. Afinal, nosso mundo está cheio de opções e possibilidades — sobretudo o mundo sexuado de hoje. E se um homem pára de galinhar e escolhe uma mulher, concentrando-se só nela — bem, então ele se isola de todas as outras belas gatinhas que andam dando sopa por aí. Isola-se das possibilidades, das novas conquistas, da nova grande coisa. E se acontecer o seguinte: um dia depois de ele ter se comprometido, uma Coelhinha da *Playboy* senta ao seu lado no metrô, põe a mão em sua coxa e diz em meio a lágrimas: "Oh, Hef* está me tratando tão mal... Simplesmente me ignora, e as outras coelhinhas não falam comigo porque têm ciúmes de meus seios enormes e empinados — mas totalmente naturais — e, ah, estou me sentindo tão só na Mansão Playboy... Estou precisando tanto de um pouco de carinho!"? Bem, aí é que está o problema. Um terrível dilema para nosso cavalheiro. Como ele pode recusar-se a ajudar uma coelhinha aflita?

Logo, por que um homem iria se concentrar numa só mulher? Por que iria se comprometer? Por que se casar, aliás? Para ele, o casamento é a morte. Não, não a morte literal, mas sem dúvida a de sua masculinidade individual,

---

* Hugh Hefner, dono da *Playboy* (*N. da T.*)

livre, errante, mulherenga. A morte da infância. A morte da liberdade. A morte das possibilidades de levar para a cama uma Coelhinha da *Playboy*!

Os homens vêem o casamento como uma ratoeira. Isso é difícil para entendermos, porque o vemos mais como um compromisso do que como uma armadilha, um acordo em que ajudaremos um ao outro, construiremos uma vida juntos. Para nós (por mais iludidas que sejamos), há um delicioso senso de segurança no casamento — é o fim das ficadas de uma noite ou de caras malucos que nos excitam, ou das possibilidades de partir o coração do outro, ou ele o nosso. Para nós, casamento significa amor comprometido, um lar em comum, possíveis filhos, e, eventualmente, envelhecer juntos e caminhar ao pôr-do-sol lembrando como foram esplêndidos os últimos cinqüenta anos de união.

Esse cenário faz os homens quererem gritar a plenos pulmões e depois dar um tiro na cabeça para acabar com tudo.

Isso ocorre porque eles não vêem o casamento como um negócio tão bom. Embora nossa sociedade ainda seja (infelizmente) um lugar injusto e mais perigoso para as mulheres, e apesar de interessar a elas ter um parceiro, isso não se aplica aos homens. Além disso, apesar de homens e mulheres poderem querer ter filhos, a mulher tem a fertilidade limitada. Segundo o artigo "Party now, Pay later", na edição de setembro de 2004 da revista *Elle*, dos 30 aos 34 anos, um em cada sete casais se torna infértil, e dos 40 aos 44 o número pula para um em cada quatro. Enquanto isso, a maioria dos homens pode ter filhos até ficar gagá. E muitos têm. Sem dúvida, não é incomum ver um cara de quarenta e poucos anos, que passou uns bons vinte anos de sua vida construindo uma carreira, ganhando dinheiro e saindo com mulheres, finalmente se casar e iniciar uma família com uma moça de 28.

Ainda vivemos numa época em que as mulheres recebem três quartos do que ganham os homens. Então, não é tão má idéia assim juntar nossos recursos com os de um homem. Para ele, o casamento pode custar muito. O homem abre mão de um tipo de liberdade sexual que nossa sociedade apóia e aplaude mais do que censura. E tem o fardo extra das obrigações financeiras se a esposa não for muito eficiente para ganhar dinheiro e tiver filhos. Com as crianças vêm as complicações e o grande temor masculino: que a esposa dê mais atenção aos choros desesperados do berço no quarto ao lado e ignore a voracidade sexual do marido, que espera paciente na cama há uns bons vinte minutos, após um dia de trabalho árduo, pelo seu merecido boquete.

Homens, mulheres, sexo e status

Então, pense: com todas essas desvantagens, por que os homens se casariam?

Bem, claro que a resposta que gostaríamos de ouvir é: "Porque se apaixonaram!" Mas eu desconfio que vários homens se casem por motivos muito mais pragmáticos. Sem a necessidade desesperada e irrealizada de sexo para nublar seu pensamento, o homem de hoje tende a se casar por razões bastante estratégicas e bem pensadas. Escolhe uma mulher que lhe acrescente status, principalmente no mundo dos outros homens. Eles ganham status pela associação com tipos distintos de mulher, dependendo de suas profissões e de sua posição na comunidade. Alguns ganham inúmeras honras pela esposa-troféu muito jovem e bela

("Vem cá, como foi que Bob fisgou aquela modelo da Victoria Secret?" "Bem, eu soube que ele tem um pau gigante.") Outros ganham um belo empurrão casando-se com mulheres mais ricas ("Uau, viu aquele iate que ela comprou para ele?" "Bem, ouvi dizer que ele tem um pau gigante.") Ou podem unir-se à filha do patrão ou a uma garota que impulsione sua carreira ("Bob vai se casar com a primeira-ministra da Índia." "Ééé, bem, já ouviu falar do...").

Ok, estou brincando. Mas os homens vêem a namorada ou a esposa do outro como um reflexo de como ele está se dando bem no mundo. A mulher certa pode acrescentar ao homem o mesmo tipo de status que um carro caro ou uma casa grande. E, por outro lado, a errada pode fazer o sujeito despencar.

Simplesmente analisando o amor

Ao contrário do que nos dizem a literatura e o cinema populares, os homens gostam de casar mais para cima que para baixo. Há alguns anos, o filme *Simplesmente Amor* revelou como Hollywood ainda dá de comer na boca às espectadoras do mito de *Uma linda mulher* e *Cinderela*. Cada um dos homens no filme sofre profundamente dos efeitos do amor. Vêem o amor como o pior que pode acontecer-lhes. Na verdade, o personagem de Hugh Grant sofre tanto que muitas vezes fica mudo e paralisado. Eles estão apaixonados pela empregada, pela assistente, pela secretária, pela mulher do melhor amigo, mas levam um tempo excruciantemente longo para agir com base nesse "amor", apesar de os objetos de desejo estarem em posição inferior — em termos de status. Apenas um dos personagens aspira mesmo a conquistar o coração de uma mulher em posição elevada. É uma bela cantora, estrela de um espetáculo, aparentemente inatingível. Ela é popular e bem-amada, equilibrada, e está a ponto de deixar o país. O que o nosso herói faz? Primeiro, aprende a tocar bateria (jamais estudou música na vida), para ser um acompanhante dos músicos. Depois, a persegue até o aeroporto, passa pela segurança, salta toda espécie de barreiras e guardas, grita o nome dela por trás de uma vidraça, em homenagem à cena do casamento de *A primeira noite de um homem*, e acaba alcançando a heroína.

Eis o espantoso nesse cara: Ao contrário de seus companheiros masculinos em *Simplesmente amor*, ele não é adulto. Tem 9 anos. E é a única pessoa virgem no filme.

O que podemos interpretar? Talvez que só um menino virgem pudesse chegar a tais extremos para conquistar uma mulher. Ou talvez que os homens adultos, distraídos pelo excesso de possibilidades sexuais, tenham ficado paralisados pela escolha. E a mensagem obscura, dirigida ao espectador masculino, é que, quando fazem a opção, ela rebaixa mais do que eleva seu status no mundo. Nas entrelinhas, dirigida de forma subliminar ao público masculino, estará a mensagem que se comprometer é perder status? Assim, enquanto as mulheres choram na platéia, imaginando que, como a Cinderela que serve café, elas também serão escolhidas pelo Príncipe Encantado primeiro-ministro, o espectador masculino entende essa história como uma advertência contra as armadilhas do amor romântico e pensa: "Ah, meu Deus, que destino horrível para o primeiro-ministro da Inglaterra acabar com essa maluquinha e sua família de classe média da parte não freqüentada da cidade." O público masculino norte-americano, em particular, estará pensando: "Puxa, aquela assistente morena gordinha e maluquinha, que parece à beça com a Monica Lewinsky. Por que ele simplesmente não faz o que nosso presidente fez?"

Bem, claro que ele não vai fazer o que nosso presidente fez, porque aprendemos a lição. Nossa psique nacional foi obrigada a pagar um preço enorme pelo sarro de Bill Clinton com o *flagrante delito*. Como país, fomos castigados e humilhados — e com isso entramos numa era sem diversão. É, fomos devastados pelos ataques ao World Trade Center, mas a diversão já havia acabado antes do 11 de Setembro. Vejam nossos líderes políticos: por mais diferente que cada lado seja quando se trata de política, todos eles transmitem basicamente a mesma mensagem: "Eu não sou como ele. Não sou um tarado! Eu amo meus filhos e minha esposa, eu juro!"

O mito *Cinderela* e *Uma linda mulher*

Mas, apesar de tudo isso, *Simplesmente amor* não é totalmente verossímil. A cena final, com o primeiro-ministro e sua assistente entusiasmada demais, de casaco vermelho e boina, é constrangedora. Ele sem dúvida parece constrangido, e os norte-americanos, na verdade, sentem um pouco de pena da coitada velha Grã-Bretanha, que paga pelos pecados do presidente Clinton se casando com Monica Lewinsky e salvando-a de sua vida de Cinderela escravizada de joelhos.

Verdade seja dita, no mundo de hoje os primeiros-ministros não se casam com suas assistentes. Os grandes executivos que se parecem com Richard Gere não se casam com suas prostitutas. E o cara comum não planeja casar-se com a graduada em artes com um caminhão de empréstimos universitários nas costas. Desculpem-me parecer tão brutal, mas é a verdade.

Isso porque, assim que o homem satisfaz as primeiras necessidades de sexo, comida e abrigo, desperta com a mente clara, ou aparentemente clara, e totalmente racional. Lá se foram os dias em que eles eram tão movidos pela luxúria que se dispunham a fazer qualquer coisa para conseguir o objeto de desejo. Os homens ficaram gordos e flácidos por ter sexo à vontade para se revigorarem.

Trata-se de uma equação muito simples: se os homens são movidos pela necessidade de sexo, e nós lhes oferecemos sempre um bufê self-service de sexo, ora, então não há necessidade de trabalhar, lutar e se esforçar por isso. Assim, o que os homens fazem com suas energias? Bem, transferem esse impulso para ganhar mais dinheiro, inventar mais engenhocas, abarrotar as lojas com mais produtos desnecessários, e, ah, sim, começar guerras.

É mais ou menos assim: à luz da manhã, após uma boa noite de sexo, ou melhor ainda, um excelente sexo oral em que o cara simplesmente jaz deitado e relaxa, ele quer verificar as planilhas do Excel. Ou ver um jogo de futebol, ou comprar algumas ações, ou contar os pontos decimais em suas contas bancárias. Quer fazer alguma atividade com números. Porque os homens temem a perda de fluidos corporais após o sexo, então tentam compensar a liberação de milhares de espermatozóides acrescentando milhares de dólares à conta bancária. Isso os faz sentirem-se plenos de novo. Deixa-os excitados com a vida e suas possibilidades. Os homens sabem que, para atrair as mulheres, precisam de recursos. Alguns mais que outros.

Por que Steve Martin é um gênio

No delicioso livro *A balconista*, de Steve Martin, nosso Príncipe Encantado, o rico Sr. Ray Porter, não se casa com a balconista Cinderela. Trata-se de uma opção literária brilhante, inteligente e muito comovente do autor, pois a realidade é que, no mundo de hoje, ninguém acredita que o cavalheiro milionário se casaria mesmo e salvaria a pobre balconista vinte anos mais nova, que se apaixonou loucamente por ele. Triste, de certa forma, não é? Ele também se apaixonou por ela, mas não, não vai se casar com ela. Então, é triste para ele. Triste para ela. Triste para nós. Em última análise, ela é destroçada pelo Sr. Ray Poter, e por outro homem, até finalmente voltar para o rapaz da mesma idade que vende amplificadores incrementados. Você se pergunta se a mensagem do livro coincide com a sua. Não tentar se casar? Isso faz parte do novo castigo — uma história mais realista, com um desfecho anti-*Uma linda mulher*? Estão nos dizendo que não podemos ter um caso com um homem de posição superior, que pagará nosso Prozac e até nosso crédito universitário, e esperar que ele se comprometa conosco? No fim do livro, nosso milionário mais velho e mais sábio, o Sr. Ray Porter, nos diz que se "tornou pai dela, e ela sua filha", e nossa balconista percebe o seguinte: "Ela aprendeu que seu corpo é precioso e que não deve voltar a oferecê-lo de forma tão descuidada, pois ele tem uma ligação direta com o seu coração."

Isso é de Steve Martin — um escritor e ator experiente, engraçado, educado, sofisticado e talentoso. O que está acontecendo?

Como mulheres, estamos fazendo uma grande descoberta. Estamos sendo claramente advertidas de que os homens não são particularmente inclinados a compromisso.

Amigos com benefícios

Os homens são muito mais racionais do que nós quando se trata de relacionamentos. Na verdade, muitos deles, após a satisfação completa, olham para você, ali deitada em pacífico sono na mesma cama, e pensam: "Imagino que outros benefícios posso obter dessa combinação." Não ria! Você ficaria surpresa se soubesse como os homens têm o perigoso talento de transformar, na conversa, uma relação sexual em mais alguma coisa. A verdade é que alguns deles não querem apenas sexo. Querem sexo e:

1. Um lugar para se hospedar de graça em Nova York, até se mudarem para Montana.
2. Deixar a ex-namorada com muito, mas muito ciúme.
3. Comprar seu roteiro de cinema e faturar muito dinheiro sem você.
4. Pegar seu carro emprestado.
5. Fazê-la apresentá-los à sua prima gostosa e (ah, e talvez fazer um sexo a três!).
6. Serviço doméstico.
7. Um pouco de comidinha caseira de graça.
8. Sair com seu ex-cunhado bacana que tem ingressos para o clássico de domingo.
9. Pegar dinheiro emprestado com você.
10. Morar com você enquanto a esposa recupera a razão e o recebe de volta.
11. Ah, sim, transar com você também, se for legal!

A questão é saber se, uma vez satisfeitos no sexo, os homens ficam bem conscientes sobre o relacionamento com a amante e não vêem necessidade de resgatar a pobre balconista/Cinderela/assistente/empregada/menor abandonada/colegial com dívidas de crédito universitário. Peço sinceras desculpas se estou destruindo suas fortes crenças e sonhos, mas pense assim: trabalhe, ganhe algum dinheiro, erga-se e se torne alguma coisa. Você será mais feliz assim e atrairá inúmeros pretendentes, porque terá status. Sim, quando tiver status (e dinheiro), terá muito mais homens interessados em você, além de vários disputando sua atenção — porque, como você já aprendeu a essa altura, os homens vicejam na competição. Assim que você conquistar esse tipo de status, poderá escolher a dedo e ser muito exigente em relação a com quem quer ficar.

Balconistas do mundo, uni-vos!

Eu sei, eu sei. Se você está realmente dando duro para equilibrar as finanças e tem poucas perspectivas profissionais, é mesmo difícil elevar sua posição. Nos meus momentos de maior paranóia e teorias de conspiração, acredito que as injustiças financeiras e profissionais que nós, mulheres, sofremos fazem parte do vil plano masculino de manter as pobres balconistas presas num lugar onde devem aceitar, agradecidas, sua posição de escrava sexual — seja a amante com o aluguel pago; a secretária que ganha bônus por "fazer hora extra"; a garota que se sente obrigada a dormir com o namorado para saborear uma refeição cara e ir a um espetáculo da Broadway de vez em quando, porque simplesmente ela mesma não pode pagar essas coisas. Vocês estão vendo, é do interesse sexual do homem impedir-nos de ganhar tanto quanto eles. Isso significa que as mulheres precisam deles, e as mulheres são gratas.

A economia do sexo

Os homens, por meio de suas estratégias maquiavélicas, puseram as mulheres em desvantagem econômica, rebaixando nosso valor e inundando o mercado com louras idênticas cheias de silicone, espantosas candidatas a Pamela Anderson que oferecem sexo, sexo, sexo 24 horas por dia de 36 tipos e 27 sabores. Simples como a lei de oferta e demanda.

1. Inunde o mercado.
2. Subvalorize o produto.
3. Reduza os preços.
4. Oba! Sexo de graça para todos!

O único detalhe é que você nunca teve de pagar por ele, teve? Então, onde está a vantagem para as mulheres? Bem, não existe. Apenas nos jogaram areia nos olhos mais uma vez. É verdade, queremos atenção, queremos o olhar masculino. Queremos que os homens tenham fome de nós, nos persigam, dêem duro para nos conquistar, sofram um pouco — tudo em nome da paixão e do êxtase. Queremos amor. Amor verdadeiro e duradouro.

Mas não se desespere, pois há esperança. Podemos retaliar.

Elevemos o valor de nosso sexo. Tomemo-lo de volta. Agora, isso não quer dizer que você vai usar um saco de batatas, um lenço de cabeça e um cinto de castidade, mas que tal redescobrir a faceta de mistério? Que tal um pouco de intriga? Que tal ir devagar?

Pense na icônica bibliotecária de coque no cabelo, nas pérolas brancas, nos óculos, na saia que parece muito simples, mas abraça o traseiro dela da maneira mais provocativa.

Pense na viagem a Vermont para ver uma montanha pela primeira vez. A princípio ela está envolta em névoa. Em torno de cada curva da estrada vai-se revelando aos poucos, aparece e depois some do campo visual. O outro lado se expõe, depois desaparece. Até a natureza sabe ser recatada.

A volta do êxtase

Existe uma maravilhosa organização chamada Slow Food (Comer Devagar). Fundada em 1986, tem a missão de proteger os prazeres da culinária da invasão do fast-food e da vida moderna. Promove a cultura gastronômica, desenvolve a educação do paladar, conserva a biodiversidade agrícola e protege a comida tradicional em risco de extinção. Uau.

Assim, eis o que quero propor. Protejamos o prazer do sexo. Detenhamos a maré de sexo fácil, sexo fast-food. Criemos um pouco de gosto, antes que se extinga a verdadeira sexualidade da mulher honesta.

O que está em jogo é nada menos que nosso sexo, porque, se nos deixarmos reduzir a punhados de carne trêmula, perderemos a individualidade, a cultura do ser fêmea diminuirá, e nosso próprio sexo se transformará em apenas mais uma marca de refrigerante. Creio que o narrador do livro de Steve Martin diz uma grande verdade: a heroína "aprendeu que seu corpo é precioso e que não deve oferecê-lo de forma tão descuidada, pois ele tem uma ligação direta com o seu coração".

Então, vamos criar o Sexo Lento. Vamos fazer os homens nos apreciar, se concentrarem em nós e não se apressarem. Façamos os homens se comportarem.

No início eles vão se irritar com a idéia de que terão que picar e descascar alguns legumes — quero dizer, na verdade, ter tempo para escutar a mulher e passar a conhecê-la: seu gosto, textura, variedades e estilo. Mas, se trabalharmos juntos, poderemos conseguir, porque, afinal — nosso corpo tem uma ligação direta com nosso coração.

SEGUNDA PARTE

Guia prático do namoro moderno

capítulo quatro

A arte do flerte
Amar como uma marxista

> No flerte, nunca se sabe se o começo da história — a
> história do relacionamento — será o fim; ou seja, o
> flerte explora a idéia da surpresa... Pode dizer-se que é
> uma forma de cultivar desejos, ganhar tempo.
>
> — *O Flerte*,
> Adam Phillips

A essa altura, você já se convenceu. Os homens querem sexo, mas você quer mais do que isso. Mas os homens querem principalmente sexo. Pensam em isso o tempo todo. Pensam de manhã, quando escovam os dentes. Na fila do caixa automático. No engarrafamento. Até na clínica veterinária, com o velho cachorro — quando a médica gostosa diz: "Sinto muito, Sr. Jones, mas vamos ter de sacrificar o velho Spikey" — eles não pensam de modo algum nos bons tempos que tiveram com Spikey no parque. Não, pensam em sexo!

Trata-se realmente de boas notícias, porque significa que, se você quiser atrair um cara, não vai ter muito trabalho. Só vai precisar mesmo aparecer e ter uma boa aparência.

Tudo bem, talvez seja um pouco mais complicado. Os homens precisam de um pouco de estímulo, porque estão pensando, o tempo todo, em sexo acima de tudo. Isso os deixa um pouco nervosos, e eles se sentem culpados. Não querem que você saiba da terrível verdade, então alguns podem mesmo ficar um tanto tímidos e constrangidos. Um pequeno flerte pode ajudá-los a relaxar e informá-los de que, embora você os ache interessantes, não tem idéia de que tipo de pensamentos sacanas se passam pela cabeça obcecada por sexo deles... mas claro que tem, sim.

O que é flertar?

Antes de passarmos a técnicas específicas, sejamos claras sobre o que significa de fato flertar, pois decididamente há alguns mal-entendidos quando se trata dessa antiga arte de atrair o sexo oposto. Antes de mais nada, o flerte não é sério. Não é sequer sexual. Pode ser um pouco romântico, mas no fundo não tem importância. É uma brincadeira. Significa agir de forma amorosa sem intenção séria. Sim, é uma provocação, mas também é uma excelente forma de a mulher ganhar algum tempo. Infelizmente, muitas de nós perderam o dom da sutileza quando se trata de flerte, então os homens de hoje olham para a bunda das mulheres e dizem: "Quer umas batatas fritas com esse milk-shake?", e nós consideramos isso flerte. Quer saber? Não é. Isso se chama ser idiota.

O flerte realmente bom, criativo, deve ser passageiro e leve como uma borboleta. Enquanto não tiver importância, nem óbvios programas ou promessas, o flerte não será enganoso nem mesquinho. É parte importante do processo de conquista. Um pouco de flerte é uma forma de você saber se o homem lhe é receptivo, atraído por você, e se pode tornar-se um amante potencial. O flerte é um instrumento poderoso, sobretudo para as mulheres, porque é uma maneira de conhecer um homem antes que algo esteja em jogo. Dá-nos uma chance de sentir algo por ele antes de empenhar o corpo e o coração. Os homens podem saber se estão atraídos ou não pela mulher apenas pela aparência, mas nós precisamos usar nossos poderes de intuição para decidir se eles são candidatos dignos de nosso afeto. Isso pode levar algum tempo, pois, como sabemos, os homens fazem jogos. Um deles é "deixe-me pegá-la antes que você descubra que eu tenho uma namorada em Boston e outra em Los Angeles, e que na verdade não trabalho na Amtrak, apenas perambulo pelas estações, faço palavras-cruzadas e roubo chicletes das bancas de jornal, porque no fundo sou um sociopata".

Não, nós precisamos de flertes — do tipo borboleta — para descobrirmos quem é mesmo esse homem. É engraçado, interessante? Parece ter amigos? Emprego? É um cara legal? É seguro? São? Está mesmo disponível? Isso leva tempo. E se o homem achar que você o quer, é porque quer mesmo — sabe como é, no sentido carnal —, então, bem, mentirá, roubará, trapaceará para fechar o negócio. Então, não o deixe saber que o quer ou nem mesmo pense nele por muito tempo em termos amorosos. Além disso, o flerte lhe dá tempo para decidir se ele seria um bom amigo. E, para levar os homens à loucura, você vai precisar acrescentar muitos amigos ao seu séquito. Explicarei o que é um séquito e como criá-lo no capítulo 6.

Mas precisamos de muita informação no início de um relacionamento. Por isso precisamos flertar muito, por um longo período de tempo, então o flerte deve ser, principalmente, leve, sem insinuação sexual. O flerte deita a base de inúmeras coisas num relacionamento. E esse flerte não pode ser sexual. Vivemos num mundo perigoso, e temos que tomar cuidado para que os homens não entendam mal. Logo, o flerte deve ser sutil. É uma forma de arte que pode se desenvolver com o tempo.

Curso prático na arte do flerte

Então, comecemos as aulas — o primeiro passo é tentar ter a melhor aparência possível sempre que sair de casa. Quando sair, flerte com todo mundo. O flerte leve, seja com o cara novinho da delicatéssen, seja com a senhora que vende livros ou com o professor casado de New Haven; pode ser divertido, uma ótima prática e uma excelente ajuda para criar autoconfiança. Não, você não vai dormir com o cara novinho, a senhora ou o professor casado. Está apenas se divertindo e apreciando a humanidade. Fazendo amigos. Construindo uma imagem de pessoa simpática. Você sabe, o flerte é bom para o planeta! Torna nossa vida mais interessante e animada. Não tem de ser feito de brincadeiras inacreditavelmente espirituosas. Na verdade, a princípio deve ser muito simples e direto. Você só precisa encorajar a conversa, um leve diálogo. Como? Assim:

* Comente o óbvio. "Ah, meu Deus! Está caindo uma tempestade lá fora!"
* Peça ajuda. "Você sabe onde posso comprar um guarda-chuva?"
* Elogie. "Uau, você conhece mesmo lojas de guarda-chuvas!"

Os homens adoram elogios (todos nós não adoramos?)

Não subestime esse último tipo, principalmente quando se trata de homens. Eles são absolutamente loucos por elogios, exaltação e apreciação. Basta ler *Homens são de Marte, mulheres são de Vênus*, de John Gray. Eis o que eles precisam, segundo o autor: confiança, aceitação, gratidão, admiração, aprovação, encorajamento. Isso no fundo se traduz assim: "Muito obrigada por me falar da loja de guarda-chuvas. Eu realmente agradeço. Puxa, admiro muito você por saber sobre tantos lugares onde comprar um guarda-chuva. Recomendo que você fale de guarda-chuvas a mais pessoas." E pode acrescentar: "Eu o acho muito inteligente, você podia abrir sua própria loja de guarda-chuvas!" Mas só diga isso se parecer encorajador, e não que você possa estar tentando melhorar a sorte dele na vida. Segundo John Gray, você jamais deve tentar melhorar os homens, porque eles acham isso muito irritante e sufocante, além de lembrar-lhes a mãe deles — tudo bem, ele não fala exatamente da parte sobre a mãe, mas você pegou o espírito da coisa. De qualquer modo, se você não gosta que ele não faça nada o dia todo e fique perambulando e ensinando às pessoas como chegar à loja de guarda-chuvas mais próxima, não fale nada a respeito. Ele sabe o que está fazendo e você deve cuidar de sua vida.

Mas, falando sério, por que você deveria se preocupar com o fato de ele ficar andando na chuva o dia todo e falando com quem passa? Você está apenas flertando.

E está desenvolvendo sua arte. Você vai descobrir que essas conversas rápidas e sem maiores conseqüências vão ajudá-la a aumentar sua autoconfiança. Essa aquisição de confiança é essencial no início do treinamento, para manter tudo leve e rápido. Mesmo que você se sinta muito atraída por um homem e ache que é recíproco, ainda assim deve parar de falar antes que o cara tenha chance de descobrir se você se sente mesmo atraída por ele. Nesse estágio, ele deve ser sempre deixado imaginando. Não se trata de um jogo; é simplesmente ser esperta e não colocar todos os ovos numa só cesta. Os homens, claro, não estão fazendo isso. Na verdade, os caras que escreveram *Como se dar bem com as mulheres* aconselham os homens a flertar com muitas mulheres o tempo todo, a fim de ter dezenas delas para chamar a qualquer instante e passar a noite. Uma noite. É só chamar, por assim dizer. Os homens andam atrás de muitas mulheres — porque sabem que vai haver uma noite de solidão e desespero em que precisarão de uma manutenção rápida. Você não quer ser a rapidinha de um cara. Então, seja simpática, divertida e dê o fora.

Um flerte de oportunidades iguais

Quando você conversa com muitas pessoas diferentes — o velho que a atende na delicatéssen, o cara da lavanderia, o funcionário dos correios —, descobre que as pessoas se excitam falando de si mesmas. Quando você pergunta a um sujeito sobre alguma coisa na qual ele é especialista — como tirar manchas da roupa branca, digamos —, descobre que as pessoas de fato se iluminam. Com isso, você aprende todo tipo de coisas sobre as pessoas, suas profissões e interesses. Você torna o dia de todo mundo um pouco mais brilhante, se sentindo mais à vontade com os homens e aumentando sua força vital.

Sim, sua força vital. É o seguinte: você tem certa quantidade de força sexual — o poder de atrair, uma espécie de energia sensual. Se se apegar a ela e liberar apenas essa força sexual flertando raramente quando estiver com um homem que a excita mesmo — um candidato viável — e começar a flertar com ele, vai se sentir desajeitada, porque há muita coisa em jogo. Vai ficar ansiosa. Há a possibilidade de cair na cama com um homem muito rapidamente e com muito menos arte do que você gostaria, principalmente se ele for o único cara com quem você flerta.

Por outro lado, se você vive distribuindo sua vitalidade sexual e consumindo um em cada dois flertes que você encontra, vai descobrir que a certa altura começou a se sentir esgotada — especialmente se o cavalheiro em questão for do tipo "pega e larga".

Então, como você pode acumular força sexual e a mantê-la fluindo? Flerte com todo mundo. Aproveite a vida, mas não se entregue completamente. Pratique a arte de não se ligar a ninguém. Ao cultivar esse tipo de flerte, você esquecerá que está na verdade flertando, e começará a ter maior percepção de possibilidades.

Além disso, se ficar conhecida como uma garota apenas muito simpática, o homem não vai poder supor que suas brincadeiras espirituosas, os flertes leves, significam que você sente uma atração louca por ele e que ele pode acrescentá-la à sua cesta de ovos. Isso é importante, porque você quer manter os homens imaginando. É mais provável que o homem que não tem certeza do lugar que ocupa em seu coração concentre a atenção em você, porque está preso pela emoção da caça, da que escapou.

O Efeito Borboleta

Você vai descobrir que, após algumas semanas de flerte com base nas oportunidades iguais, a sensibilidade que você tem de seu próprio *sex appeal* vai aumentar. Os homens retribuirão o flerte, porque, sim, eles vivem pescando sexo com redes de arrastão, mas desde que você não prometa nada —

por palavras ou atos —, não está provocando nem sendo falsa, mas apenas simpática. Os autores de *O que os homens procuram* nos dizem que só o que precisamos fazer é olhar para um cara, sorrir, chegar perto dele e dizer olá. Eles dizem: "A única maneira de a mulher dar a impressão errada é com a insinuação sexual direta." Se você agir assim, o cara vai ter a impressão errada.

Quando você mantém a conversa amena, sem duplos sentidos, o homem não pode supor que você irá ao apartamento dele, nem mesmo sugerir isso. (E, por favor, quando os homens a convidam para ir à casa deles, não estão sendo corteses. Se acharem que vão conseguir algo, pedirão a qualquer uma que respire! Então, o convite ao apartamento dele para uma rapidinha não é de jeito algum uma gentileza!) Por isso, mantenha os flertes inocentes. O homem precisa ter certeza de que é apenas um flerte, não uma promessa ou proposta. Isso se aplica em especial ao caso de você já ter namorado ou marido. Sem dúvida você não vai querer entrar numa fria. Na verdade, se você já está envolvida com um cara, ele deve saber de seus flertes, mas também que não são sérios nem uma ameaça ao relacionamento. E se você flerta com um cara, mas na verdade quer chamar a atenção de outro —, bem, aí o flerte deve ser ainda mais sutil. Dessa forma, o verdadeiro objeto de suas afeições é mantido em alerta pelo senso de competição, mas não terá a impressão de que você na verdade está oferecendo o coração a outro.

Então, é importante ter atenção para manter os flertes inocentes. Isso significa falar de coisas gerais. Paparique, mas não se torne muito pessoal. Seja criativa.

Você pode ver a diferença entre esses dois estilos. O bom flerte demonstra interesse, mas não pretende introduzir um programa sutil ou não tão sutil na conversa. O flerte bem-sucedido significa conseguir entrar no mundo deles. Deixe claro que você esteve ouvindo e prestando atenção. Você não está interessada apenas em levar o homem para a cama; primeiro quer saber como funciona a mente dele. Se fizer um elogio — sobretudo ao trabalho, e não à aparência pessoal —, o homem em questão ficará com uma boa impressão de você, porque você perguntou sobre ele mesmo. Você elogiou o cara e isso o faz se sentir ótimo. Os homens têm um reflexo condicionado à bajulação, e à medida que passarem a associar você a pensamentos felizes, vão continuar voltando, sempre.

Linha do bom flerte	*Linha do flerte ruim*
Seu terno é lindo. É Armani?	Seu terno é lindo. Armani me dá tesão!
Você sabe onde vai ser a próxima sessão plenária?	Posso sentar do seu lado na próxima sessão plenária?
Adorei sua aula.	Sua aula me deu tesão.
O que você quis dizer quando falou que há um novo sistema de datação por urânio/tório?	Adorei todas as vezes que você disse urânio. Huumm.
Você tem uma mente perigosa.	Você tem um corpo perigoso.

Mas você só está interessada na mente dele

Não se surpreenda sozinha de repente com um homem, mas cuide para que haja testemunhas desses flertes leves. Os homens querem o que os outros homens têm — os cães de caça —, então, por que não lhes dar alguma coisa para mastigar? Mas, novamente, evite que tudo fique provocativo demais. Os homens a empurrarão para situações eróticas apimentando a conversa com duplos sentidos e piadas indecentes. Tentarão embebedá-la e isolá-la. "Ah, vamos visitar o salão vazio no sétimo andar." Inventarão qualquer desculpa para tocá-la. "Hum, esse colar é lindo. Posso pegar nele?" Os elogios se concentrarão em seu aspecto físico — a boca, os lábios, os seios, a bunda. Antes que você perceba, estará indo com um estranho para o sétimo andar e não se lembrará do que aconteceu com o colar de prata que a mamãe lhe deu em seu aniversário de 21 anos!

A manhã seguinte

Claro que é inebriante — aquele barato que a atenção masculina nos causa, os elogios, a concentração, o inequívoco sentimento de que ele quer alguma coisa e essa coisa é você. Mas é por isso mesmo que você deve evitar. Não é real. É um tipo de droga que corre pelo nosso corpo e desaparece no momento seguinte. Também para o homem esse tipo de sedução rápida é viciante. Assim que ele alcança o seu barato com a conquista de uma mulher, quer outra, e outra, e mais outra. É o seu vício. Sim, o seu vício. Isso é porque eles conseguem muito do sexo. Mais do que apenas sexo. Alguns o usam como uma droga que os ajuda a escapar do mundo do trabalho cotidiano. Outros o usam porque conquistar uma mulher e levá-la para a cama lhes dá vitalidade extra, como comer uma tigela de cereais. Alguns querem apenas relaxar, e para eles o sexo é um calmante, um bálsamo para seu cansaço do mundo. Para outros, é um grande estímulo ao ego, algo do qual podem se gabar depois com os amigos. O problema é que você não vai querer se tornar a droga preferida de alguém, pois, por mais excitante que o barato seja para você também, a pessoa se ressentirá de sua própria necessidade e de você. E você sem dúvida começará a se ressentir dele.

Tenha a atenção que você merece

Mas pense no que o flerte inocente lhe proporciona: atenção. Muita atenção. Concentração. Homens interessados. Muitos deles. E, como mulheres, florescemos na atenção. O flerte com a consumação adiada exalta nosso ego e nos faz sentir maravilhosas. É como a luz do sol, e nós desabrochamos no calor do olhar masculino. Portanto, flerte, mas lembre que é apenas uma amostra. Nada se compra nem se vende.

Então, eis do que você precisa para flertar:

* Boa aparência.
* Mostrar-se interessada (principalmente pelo trabalho dele), mas não intensa.
* Cumprimente, elogie, aprove, agradeça.
* Sorria, mas não permita insinuações sexuais.
* Mantenha tudo leve.
* Saia rapidamente.

Uma observação sobre a "boa aparência". Você deve parecer bonita, mas não tão provocante que, não importa o que diga nem o quanto sua conversa seja amena, as roupas estejam dizendo: "Me coma agora!" Assim, se você se vestir e agir como a Britney Spears... bem, na verdade, se você se veste como a Britney Spears, precisa parar imediatamente.

Teste a inteligência dele

Agora, se você não se sente à vontade enaltecendo e elogiando um homem, ainda há outras maneiras sutis e atraentes de flertar. Talvez desafiá-lo: "Você acredita mesmo que um OVNI pousou em Utah em 1957? Para mim, parece impossível!" Mas isso só vai funcionar se o cara for um especialista em OVNIs e estiver apenas esperando uma garota que desafie sua autoridade. Trata-se de uma forma contrária de elogio. Basicamente, basta você detectar a área de conhecimento e confiança de um homem e lhe dar um pretexto para explanar um pouco. Os homens adoram explanar.

Seja uma boa ouvinte

Embora seu estilo de flerte seja pessoal, é importante conhecer o homem em questão — onde ele se sente mais confiante, ou mais inseguro? Quais são suas melhores lembranças da infância? Os sonhos e as ambições secretas? Todas essas informações a ajudarão a aperfeiçoar sua arte. Por isso, ouça com atenção no início. E quando tiver dúvidas, sorria e pergunte. Isso já pode ser um poderoso aliado.

O próximo passo para o sucesso no flerte é transformar alguns dos caras em amigos. Sim, amigos. Não amantes. Só amigos. Os homens odeiam isso. Na verdade, ficam loucos. Mas é muito bom para você. Então, procure candidatos e comece a formar um grupo de homens com quem não tenha intimidade, mas com os quais nas circunstâncias certas pode ter. Comece hoje mesmo a cultivar amigos masculinos que flertam com você, mas que podem ser mantidos à distância de um braço.

Aparente estar se divertindo

E ocupe-se de sua vida. Você pode achar que os homens vão ignorá-la se você se envolver muito com o trabalho, amigos, família, paixões, mas a verdade é que isso estimula o interesse deles por você. Passam a imaginar o que lhe acontece quando não estão por perto e receiam que outro cara consiga conquistá-la antes deles. Quando estamos bem vestidas, saindo, felizes, ocupadas com nossas próprias vidas, isso faz com que os homens tenham seu melhor comportamento. É o fenômeno da liquidação. Você já entrou numa loja e encontrou uma banca com os melhores vestidos do verão em liquidação? Não há ninguém por perto, e você acha que descobriu ouro. Analisa-os discretamente, pega um para experimentar, e de repente se vê cercada por um bando de garotas que farejaram a liquidação e agora estão todas em volta, procurando o vestido perfeito.

Bem, é assim com os homens. Eles são preguiçosos e desinteressados quando acham que já a conhecem, quando sabem onde você está e a que horas, e que você está só esperando a ligação deles. Ficam entediados quando a acham previsível e que você não poderá fazer nada que os surpreenda. Mas comece a pensar em cair fora, apenas pense, e de repente eles estarão de volta à sua porta com um buquê de rosas.

Os pênis têm ouvidos

Desculpem a expressão, mas é verdade — os pênis têm ouvidos. Sim. Eis um exemplo de como funciona. Você vem saindo com um cara há bastante tempo. Faz um sexo maravilhoso e tudo segue às mil maravilhas. Uma noite, vocês estão ao telefone e ele parece bastante chateado. De algum modo, começam a discutir *Os nus e os mortos* e ele diz: "Bem, eu não acho! Acho Norman Mailer um gênio!" E antes que você possa dizer alguma coisa, ele emenda: "Ah, só um instante. Está entrando outra ligação." Clique. E é isso aí. Sim, é isso aí mesmo. Ele nunca mais vai ligar de novo. Você espera uma hora junto ao telefone. Ele não liga. Não liga no dia seguinte nem no outro. Você liga, mas ouve a secretária eletrônica e diz: "Tudo bem com você? Você disse que ia me ligar de volta." E, no entanto, se passam semanas e ele não liga. Você imagina que talvez ele seja realmente sensível em relação a Norman Mailer e tenha ficado chateado de verdade. Liga e deixa um recado em que diz: "Olha, estou relendo Norman Mailer agora mesmo e acho que talvez você tenha razão. De qualquer modo, sinto muito pelo que eu disse." Mais semanas se passam. Meses. E ele não liga. Você segue com a vida. Compra um sofá novo. O gato morre. Você consegue uma grande promoção. É transferida para Londres. Está superando o cara do Norman Mailer. Praticamente não pensa mais nele. Então, num dia de janeiro, você conhece um homem maravilhoso chamado Frederick. É britânico, uma gracinha, e trabalha para o governo. Uma noite, está nevando lá fora e você começa a abraçar Fred. Na verdade, está para sucumbir habilmente aos encantos dele. E, nesse momento tão importante, adivinhe quem liga? O cara do Norman Mailer! É, voltou! Sente saudade de você. Mas por que só ligou agora, após todos esses meses? Bem, mocinhas, porque os pênis têm ouvidos.

Seja perigosa

Então, como pode você usar esse conhecimento para ajudá-la a obter o que quer? Dê alguma coisa ao homem, para mantê-lo alerta. Isso é necessário principalmente quando você está namorando ou casada. Os homens casados tendem a transformar as esposas em escudos de segurança, encorajando noites em casa e a garantia da rotina. Não caia nessa — é uma artimanha! Assim que o homem achar que "tem" você e que há uma forte ligação, vai ficar exigente e querer se rebelar. É, exatamente como um menininho que quer se afastar da mamãe. Jamais o deixe vê-la como a mãe dele, nem como um escudo de segurança, nem previsível ou inofensiva. Seja perigosa. Imprevisível. E, definitivamente, saia para de divertir!

É por isso que uma vida inteira de flertes e a criação de um grupo de admiradores aumentam a sua magia. Esses homens não são amantes, são apenas amigos. Mas gostam de você, e a própria existência deles manterá todos os homens de sua vida concentrados, disputando a sua atenção. Porque os homens precisam ser constantemente lembrados de que, se não tiverem cuidado, podem ser substituídos.

Como se faz isso em Hollywood

Como manter os vários homens circulando em volta de você, mas não próximos demais para serem inoportunos? Você os "amacia". Estou pegando essa expressão emprestada dos produtores de Hollywood, que ficam em belos escritórios o dia todo, bebendo e esperando que a qualquer momento o estúdio autorize um de seus projetos. Eles fazem algo chamado "amaciamento". A técnica consiste em manter os contatos por telefone ou e-mail. É como mandar um bilhete, um livro ou uma carta de parabéns.

Você também pode fazer isso. Basta lembrar-se das coisas boas de sua vida para que eles comecem a conectar seu nome a pensamentos prazerosos. Apenas ligue para eles de vez em quando, mande um bilhete, convide para um almoço. Não é nada sério — é absolutamente não sexual —, mas já basta para que não se esqueçam de você. Você vai precisar desse grupo mais do que nunca assim que se casar ou se envolver com um homem.

A garota precisa de um disfarce

É útil usar a desculpa do trabalho, de passatempos ou qualquer outro interesse para flertar. A garota precisa de uma espécie de "capa", para que o homem jamais fique muito seguro sobre as verdadeiras intenções dela. Essa incerteza nos dá muito poder e muito tempo. Nossos flertes deveriam acontecer no decorrer de nosso dia-a-dia, de nosso trabalho. É melhor o homem pensar que nos importamos muito com nossas carreiras ou ambições, ou estamos apaixonadas por xadrez, do que achar que temos fome e desejo dele. Então, crie um disfarce. A paixão se revelará, mas deixe as coisas cozinharem lentamente e em baixa fervura. Afinal, o amor leva tempo.

Se você está num encontro com um homem, ele sabe que você de algum modo deve estar interessada nele — caso contrário, não estaria ali. Assim, como você o faz ir mais devagar quando fica claro que há mais coisas em jogo que uma simples amizade? A coisa se torna meio arriscada, principalmente se você usar um serviço de encontros, porque o homem já vai ao encontro sabendo que você está disponível. Mesmo nessa situação, porém, você pode deixá-lo se sentir um pouco desorientado. Desarme logo a conversa, falando de coisas leves. Não revele toda a sua história. Mantenha-se misteriosa. Não conte todos os detalhes de sua vida. Esse é um bom conselho por vários motivos. Antes de mais nada, você quer deixá-lo curioso, e, mais importante que isso, precisa conhecê-lo melhor. A primeira coisa que deve fazer nesse encontro inicial é ir logo "fechando a bolsa" e lhe dizer que na verdade só está dando uma olhada na vitrine. Você não precisa realmente de um novo carro — quer dizer, de um novo homem. Apenas anda pensando nisso. Mas não diga isso com todas as letras. Ao contrário, demonstre isso por gestos e pouca conversa profunda. Fique na sua.

E se você estiver louca por ele e quiser saltar logo na cama? E se, meu Deus, já tiver esperado tempo demais, estiver morrendo de vontade de transar, ele é tão gracinha e por que lhe interessaria fazer esses jogos idiotas? Você quer sexo!!!!

Poupe suas calorias

Controle-se. Domine os impulsos. Fazemos isso com comida e exercícios, não fazemos? Então podemos fazer com sexo. Não desperdice calorias com canalhas. Confie em mim, isso vai render no fim. Apenas flerte como uma borboleta.

Em um instante os homens vão querer passar da fase do flerte para algo mais substancial. Porque eles vivem garimpando, sempre em busca de possibilidades de sexo onde quer que ele esteja, e quando vêem o que parece ser uma coisa certa, querem logo fechar o acordo, tão depressa e eficaz quanto possível. Portanto, você deve fazer tudo o que puder para manter o cara a distância — para que o flerte dure muito, muito tempo. O máximo possível. Assim, você pode deixá-lo em período de experiência. Pode descobrir como ele é antes de admiti-lo em seu quarto. Esse é o momento em você que terá todo o poder: no estágio do flerte, quando ele está totalmente alerta, faminto pelo seu toque, retorcendo-se no seu anzol, disposto a fazer qualquer coisa para agradá-la. Sim! Mantenha-o bem aí por muito, muito tempo.

Como fazer isso? Como atrair o homem com um flerte suficientemente claro para mantê-lo fisgado, mas leve o bastante para que ele permaneça a distância e não se torne um babaca que pode atacá-la ou acusá-la de provocadora de pau?

A título de curiosidade: não é interessante como atualmente mal se ouve essa palavra? Será por termos sido inteiramente reprimidas para nunca, jamais, provocar outro pau de novo? Será porque os paus são tão perigosos, poderosos e sensíveis que podem explodir de repente e criar uma guerra nuclear? Será por isso que dormimos com homens que talvez só quiséssemos paquerar e atiçar? Fomos mesmo empurradas para relações sexuais porque é mais fácil ceder do que gritar que estamos sendo estupradas e causar confusão? Esse ônus no flerte não sexual seria apenas mais uma forma de os homens nos manterem na linha? E será realmente uma coisa tão perigosa assim, um pau provocado?

A ligação corpo/coração

Então, o que a garota deve fazer? Bem, antes de mais nada, não podem acusá-la de ser provocadora se você não se mostrar abertamente sexual e tiver bons motivos para não dormir com o homem em questão. Você não está "bancando a difícil". Você apenas é difícil mesmo. E por que nós não seríamos difíceis? Os homens são, quando se trata de compromisso — por isso também somos quando se trata de sexo. Não é justo? Os autores de *O que os homens procuram* dizem-nos que o homem muitas vezes não liga para uma mulher, embora tenham prometido, porque isso "é um mecanismo de defesa que eles usam para não ficar vulneráveis". E nós não merecemos nos proteger? Mas eis o que é incrível em ser difícil (não apenas bancar a difícil): os homens são inspirados por isso, principalmente se acontecer de forma autêntica. Se você quer conhecer um homem, primeiro tornem-se amigos, estimule-o com elogios, interesse, gentileza e simpatia, e ele vai esperar muito tempo para dormir com você. Quando agimos assim, não estamos fazendo jogos (como muitos homens por aí), mas apenas cuidando de nós mesmas. Não devemos deixar qualquer babaca brincar com nossos sentimentos, porque, sim, nossos corpos se ligam aos nossos corações. E é melhor os homens irem se acostumando com isso e tomarem jeito!

Isso pode parecer-lhe perda de tempo. Você talvez se pergunte: "Quando vou parar de acumular amigos homens e arranjar o namorado perfeito, sexo de verdade, aquela viagem a Aruba e um encontro no Dia dos Namorados? Ora, vamos, eu tenho pressa!" Tendemos a pensar desse jeito porque vivemos num país capitalista, e por isso é difícil reimaginar a natureza do amor. Fomos treinadas para achar o amor uma aquisição. Pensamos nos namoros como uma coisa que pedimos por um catálogo. Vou comprar isso cor-de-rosa, tamanho médio, sem a costura do lado. Ah, e enviado por sedex!

O que sugiro aqui é mais do que apenas diminuir o ritmo do processo de encontros, é agregar a filosofia zen à arte do romance. Esqueça a idéia de chegar lá (onde quer que seja o "lá" — sexo, casamento ou o que for). Que tal viver o momento? Que tal flertar por flertar? Que tal explorar a natureza do amor e do romance sem qualquer objetivo em mente? Esqueça as regras — o yin: "Jamais aceite um encontro no sábado à noite se ele não ligar na quarta-feira". E o yang: "Você só pode fazer sexo depois do terceiro encontro."

O amor não é uma bebida

Flerte, porque é divertido, delicioso e torna o mundo um lugar mais agradável para viver. Devemos treinar de novo nossos homens para saberem que, quando flertamos, isso não significa necessariamente que eles vão transar. O flerte introduz uma espécie de caos no mundo ordenado dos homens, porque não é uma transação. Não faz mais sentido do que uma borboleta. Eles vão tentar rotulá-lo e transformá-lo numa loja de sexo. É disso que tratam os serviços de encontros, encontros rápidos, arranjos de casamento, a pornografia na internet — transformar o amor e o sexo em mercadoria fácil de vender, comprar e jogar fora quando não precisarmos mais. Mas o amor jamais será metódico, então nunca poderá ser uma transação. É algo perigoso. Envolve o coração. Traz irracionalidade a esse mundo ordenado de compra e venda. Quando se trata de flerte, não há "uma coisa pela outra". Não tem essa de conseguir aquilo porque você pagou. Jamais dá empate. Não há troca. É uma coisa bagunçada. Imprevisível. Profundamente significativa e ao mesmo tempo sem significado nenhum. O flerte é sempre flerte com desastre. É o que o torna tão excitante, tão perigoso, tão atraente, e num mundo onde tantos homens estão à caça — gatos sorrateiros arrombadores de coração —, o flerte é a melhor defesa da garota.

capítulo cinco

Onde está a turma?
Está em toda parte

> Os homens são como ônibus. Se a gente perde um,
> logo vem outro dobrando a esquina.
>
> — Autor anônimo

Eles estão em todos os lugares! Abra a janela e dê uma olhada. Há o carteiro, o cara do serviço de remessas. Há seu vizinho, o colega de trabalho, o professor, o rapaz do supermercado, o jornaleiro. O primo, o melhor amigo do irmão, o quiroprático da irmã, o sobrinho do médico, o homem que se sentou a seu lado na sessão do júri, o cara da gráfica e o homem parado a um metro de você na livraria.

Tudo bem, a maioria desses homens não serve para você. São inadequados. Talvez não sejam nem atraentes. Então, o que fazer? Bem, não os ignore, se afastando de nariz empinado. Pratique com eles, converse com eles. Comece uma conversa superficial, leve. Vá em frente e curta a companhia de um homem apenas pelo prazer de conhecer alguém novo e ter uma conversa agradável. Você não está prometendo nada. Nem se comprometendo com coisa alguma. Mas vai descobrir que, nove em cada dez vezes, uma conversa ou comentário leve despertará o interesse de um homem e ele se concentrará mais em você, perguntando se quer mais alguma coisa: talvez um drinque, um jantar, uma rapidinha no mato. Os homens não conseguem deixar de ter essas idéias. Mas claro que você não quer nada disso. Está apenas deixando a atenção dele soprar suas velas. Isso é energia boa, meu bem.

Talvez o cara do serviço de remessas não seja aquele com quem você queira ter um tórrido caso de amor, mas tem lugar na sua vida. Entrega-lhe pacotes, afinal. É homem. O mundo está cheio desse tipo de homem. Eles entram e saem da sua vida. Entregam-lhe alguma coisa e pedem que você assine um recibo. Às vezes lhe dizem coisas divertidas ou galanteadoras. Não significa nada, mas eles podem ser muito úteis para a mulher que perdeu o amuleto. Em vez de descartar qualquer homem que entre na sua vida e poupar o sorriso, a simpatia, para o fugidio Príncipe Encantado, por que não sair para o mundo e flertar? Sorria. Ria. Trate os homens como se eles fossem uma caixa de bombons deliciosos. Claro que você não vai comer a caixa toda, mas é gostoso ver o que tem, perceber as diferentes formas e tamanhos, a variedade de caramelos, do chocolate amargo ao chocolate ao leite, as nozes, as cerejas carameladas, a fruta seca, o de coco, o de marshmellow. Talvez possa escolher um, mas não é o que importa. O importante é despertar os sentidos para a possibilidade.

E quero dizer possibilidade. Não probabilidade.

Um homem gera outro após outro

Eis outra forma de ver a questão. Os homens são competitivos por natureza. Gostam sobretudo de competir uns com os outros. Sempre mantêm um olho no que fazem os fulanos em volta. Você precisa apenas fazer a bola girar. O homem com quem você flerta não precisa ser, de modo algum, um interesse amoroso. Na verdade, pode ser um amigo gay. O importante é você ser vista rindo, flertando e se divertindo. Os homens precisam vê-la com outro homem ou com um grupo de amigos. Na verdade, é melhor que vejam sua beleza de uma certa distância antes de dar algum passo.

Imagine o seguinte cenário: você acaba de receber o pacote do cara do serviço de remessas. Você ri do tempo, ou o elogia pela entrega pontual, ou pela alegria que sentiu ao receber esse pacote específico. Sem que você perceba, um homem que trabalha perto a observa. Você nunca falou com ele. Talvez seja novo na empresa ou apareça apenas para reuniões. Mas ele a observa, e agora, quando você devolve a caneta ao entregador, ele a deseja. Ele está desejando ter tabuleta, caneta e uniforme cáqui. Observa como seus cabelos caem no rosto quando você ri. Percebe um leve rubor. Então fantasia que está dirigindo o caminhão de remessas numa noite quente de Nova York, usando um short cáqui. Chega ao seu escritório, você faz algum comentário sobre o calor e ele concorda. Está quente lá fora. A rede elétrica está ativada no máximo, esgotando-se com todos aqueles ares-condicionados ligados no máximo, quando de repente as luzes diminuem, se acendem e apagam, acendem e apagam. Então lá está você, na escuridão, a sós com ele, o calor e o pacote.

Sim, é o tipo de coisa que passa pelo cérebro do homem naquele bilionésimo de segundo em que a vê assinando o recibo da entrega.

Mostre sua força

A imaginação dos homens é acionada quando eles têm a chance de observá-la de longe. E é saudável que eles se sintam um pouco enciumados, um pouco ansiosos. Também começam a ver como você interage com outro homem. Como se comporta no mundo natural, além de constatar que outro homem a acha uma pessoa interessante e agradável com quem conversar. Mas o melhor de tudo ao ser simpática com alguém como o cara da empresa de remessas, ou o funcionário do banco, ou o contador, é que você não está fazendo mais do que isso — na certa nem sabe que é observada, então não há nada da pavorosa arte do jogo que os homens temem tanto, porque eles querem manter todo o jogo para si. E mesmo que nenhum homem a veja cheia de charme e deliciosa, é uma forma poderosa de você treinar a arte e fazer a energia fluir. Basta manter a conversa amistosa e totalmente inocente.

A idéia é que, quando estamos simplesmente ligadas ao nosso mundo — profissional ou pessoal — e às pessoas, que fazem parte dele, criamos ao mesmo tempo, naturalmente, energia sexual. Os homens nos observam. E, saibamos disso ou não, estimulamos o apetite deles sem parar. Simplesmente por sermos mulheres, já despertamos neles pensamentos maliciosos. Você se pergunta se o cara que parece observá-la do outro lado da plataforma do metrô está interessado em você. Talvez não esteja interessado em namorá-la, mas se sente atraído; está "assoprando as velas" da sua aparência. Talvez mais tarde, nessa mesma noite, ele vá para casa e ao encontro da mulher sentindo-se mais apaixonado. Então, apenas por estar viva e vibrante, você acabou fazendo uma boa ação e tornou o mundo um lugar mais amoroso.

Comece as aulas — nos próximos três meses, você vai sair muito. Deve flertar muito. Fazer os homens enlouquecerem, mas não, não namore ninguém ainda. Apenas crie autoconfiança. Descubra onde está seu poder — talvez seja o sorriso que os deixa doidos, quem sabe a maneira de andar, ou o lindo cabelo. Não se preocupe. Os homens lhe revelarão tudo. Porque, quando você apenas flerta, sem fazer mais nada, fica numa excelente posição de poder. Pense assim: você quer comprar e o vendedor quer vender — apresentará os melhores subterfúgios para chegar a você. Esse é o momento em que o homem está mais atento, mais concentrado. Então, ouça atentamente. Aprenda qual de suas roupas inspira mais atenção — quer dizer, boa atenção. Homens babando por todo lado, com a língua de fora, tentando levá-la para um canto escuro e dar uma rapidinha não significam boa atenção. Isso é má atenção. Má! Má! Cachorro mau! Sentado!

Nada disso, você precisa descobrir de que modo desperta interesse como uma pessoa inteira. O que deixa os homens intrigados pelo seu corpo e sua mente. É uma arte sutil. Significa repensar o que dá tesão e tentar algo um pouco mais discreto. Não tenha pressa. Descubra o que enlouquece os caras legais. Esse é o período de pesquisa e desenvolvimento para você. Peça sugestões a alguns amigos de confiança sobre como realçar seus melhores pontos. Depois se vista, saia e faça um teste. E tome notas, porque isso pode ser uma verdadeira descoberta para muitas de nós. Você se surpreenderá ao ver quanta atenção obtém sendo simpática, gentil, mas sendo inacessível aos homens. As mulheres casadas sempre souberam disso — no momento em que colocamos uma aliança no dedo, o macho da espécie de repente se torna mais atencioso, sedutor e gentil. Por quê? Porque já fomos conquistadas: somos legais, mas não estamos disponíveis.

Então, experimente ser meiga, mas não submissa, nem disponível.

A experiência de desenvolver confiança é crucial para corrigir seu senso de auto-estima. No esforço de vender cosméticos, medicamentos, serviços médicos e de cirurgiões, além de uma infinidade de produtos, a televisão, o cinema, os jornais e as revistas nos bombardeiam com a mensagem de que não somos suficientemente magras, ricas, bonitas, modernas ou elegantes. No fundo, estão nos dizendo simplesmente que não somos boas o bastante. E, sim, nosso amor-próprio tem sofrido. A verdade é que todas nós merecemos amor, sexo e uma vida boa, e somos todas *muito* boas. A mídia inteligentemente estimula nossas inseguranças, a fim de nos enfraquecer para que compremos e nos tornemos dependentes de seus produtos. Mas os homens também vêm fazendo isso. É uma eficiente tática comercial — faça a mulher sentir-se desesperada, assim ela ficará grata por qualquer migalha de afeição.

Então, é isto o que você deve fazer: criar confiança. Como? Arrume-se, saia e flerte. É isso aí. Você não fará promessas, não sucumbirá aos encantos de um sedutor. E se a coisa começar a enlouquecê-la, compre um bom vibrador. Ninguém tem nada a ver com isso, apenas você.

Conheça os homens no hábitat natural

Muito bem, onde está a rapaziada? Saiu para fazer coisas de menino. A maioria não freqüenta aulas de cerâmica nem faz oficinas de poesia. Eles estão trabalhando numa campanha política, num evento esportivo, pescando, em alguma rede de lojas de ferramentas, comprando um carro novo, cortando o cabelo, indo a festas com amigos, na estrada indo visitar o irmão em Seattle, tendo aulas de vôo, escrevendo jornais locais, tentando ganhar dinheiro, em escritórios, trens, na seção de roupas masculinas, na igreja, no templo, comprando madeira, jogando boliche ou golfe, fazendo caminhadas, mestrado, se formando em direito ou arquitetura. Estão fazendo coisas viris. Vivendo suas vidas.

Então, agora que você sabe onde eles estão, por que não conhecê-los em seu ambiente natural? Não faz sentido ir a um bar de solteiros para conhecer um homem. Encaremos de frente. Os homens vão aos bares para transar. É muito melhor conhecê-los no contexto do mundo real deles. Melhor ainda, no contexto do seu mundo real. Assim, eles a verão como algo real, não como uma fantasia num biquíni, disponível para um divertimento sem compromisso.

Mas saia mesmo para o mundo. Vá a festas, viagens, conferências, faça parte de organizações relacionadas a seu trabalho ou passatempos, freqüente oficinas ou cursos, use transportes coletivos, vá à igreja, ao templo, trabalhe como voluntária, envolva-se.

Faça perguntas

Quando vir um homem que a interessa mesmo, peça alguma coisa a ele — conselho, informações, até mesmo que faça algo para você. Muitas moças conquistaram o coração de um rapaz pedindo-lhe coisas emprestadas, como um mapa ou um lápis. É um grande pretexto para puxar conversa, e embora o cara possa desconfiar que você esteja atraída por ele, mantenha a conversa bem profissional, inteiramente às claras, e ele nunca terá certeza. A verdade é que os homens vivem tendo pensamentos sacanas e sentem uma culpa terrível por isso. Então, se você usar a técnica do mapa, do lápis ou das informações, ele terá de reprimir os pensamentos comuns e se esforçar para tratar da questão imediata — o mapa, o lápis, as informações. Os homens estão sempre desconfiados de estarem sendo usados pelas mulheres para favores concretos, então esse é o disfarce perfeito para o verdadeiro motivo — aproximar-se mais do objeto de interesse. Ele terá a oportunidade de ver seu charme, força, beleza, mas nunca saberá que está sendo seduzido aos poucos. De fato, se a química der certo, ele vai achar que é ele quem a está seduzindo. Ótimo.

Esse princípio funciona bem com qualquer favor que os faça ficar algum tempo juntos — seja acompanhar a moça até a plataforma certa do trem ou à sala de aula correta. Isso nos dá a oportunidade de conhecer alguém um pouco melhor, além da chance de conversar com um estranho sem receio de causar a impressão errada. O segredo é manter a atenção no favor e dar um jeito de o homem em questão achar que estamos sendo tão simpáticas porque estamos muito gratas pela ajuda — não porque estamos loucas por ele. É óbvio que precisamos deixar o favor parecer pequeno e insignificante. "Preciso de um transplante de rim. Você me daria um dos seus?" é pedir demais. Limite-se a lápis, a informação, à hora certa etc.

E um conselho sobre segurança — é lógico que circulam alguns psicóticos por aí, então mantenha a conversa totalmente sem teor sexual. Evite indiretas e insinuações. Não fique sozinha com um homem que não conheça de fato. O segredo de todo flerte é ninguém saber de verdade que é um flerte. É apenas ser amistosa. Mas seja, sim, esperta. E sempre sutil.

Um leve comportamento agressivo/passivo não faz mal

Esta é outra técnica para conhecer o homem que você admira. Ignore-o. Sim, ignore-o. Ou sorria e flerte com ele por apenas um instante, depois o ignore enquanto flerta e dá atenção a outro cavalheiro menos atraente. Todas já vimos isso funcionar várias vezes. É assim: você chega numa festa e cumprimenta um cara de quem realmente gosta, flerta um pouco, e depois o interesse dele parece diminuir. Ele olha em volta da sala, perguntando-se que outras gostosas talvez esteja perdendo enquanto está conversando com você. A sua vontade é dar-lhe um soco no nariz. Que cara-de-pau! Mas, em vez de se tornar violenta, aja. Ache outro homem bem distante do objeto de suas afeições, mas não tão longe que ele não possa ver seu poder de sedução. Então, flerte. Divirta-se. De vez em quando erga a cabeça e olhe nos olhos do verdadeiro objeto de suas afeições. Você verá não apenas o cara com quem está conversando ficar animado com toda essa atenção repentina, mas também o primeiro cara recuperar o interesse em você como por milagre. Em geral, os homens são criaturas tão pouco criativas, tão competitivas e tão desesperadas para não ficarem atrás do outro cara que caem feito patinhos nessa armadilha. Quando você menos esperar, o primeiro chegará farejando — e certamente vários outros também vão se aproximar de você. É aquele velho instinto de cão de caça em ação.

E se ele não o fizer, esqueça-o ou transforme-o em um amigo. O que quer que faça, não mude de pista nem o abandone. Normalmente os homens têm um bom motivo para não corresponder — talvez uma namorada num canto ou uma mulher em casa. Podem também, simplesmente, não estar tão interessados assim em nós. Podem estar apaixonados em segredo por uma mulher no Texas. Mas eis a parte ardilosa — se forçarmos a barra, ele cederá ao seu tesão mais intenso e dormirá conosco. Porém, no dia seguinte sairá correndo, porque: "Olha, meu bem, foi você quem deu em cima de mim. Eu nunca disse que queria ficar com você mais do que uma noite." Encontrou uma saída estratégica e na certa se sente constrangido com toda a difícil situação.

Amor tântrico começa fora do quarto

Mesmo que você namore ou seja casada, dê motivo ao homem para ficar vigilante. Ele deve sempre se preocupar com o zunzum de outros homens em volta. E como manter os homens gravitando em volta? Bem, com flerte, claro. John Gray, de *Homens são de Marte, mulheres são de Vênus*, chama isso de avaliação. Eu chamo de flerte. Das duas formas, é alimento dos deuses para os homens.

Eles precisam da sensação de desejo ardente e não concretizado, tanto quanto do alívio sexual. Nós também. O estado de desejo ardente intensifica nosso apetite sexual. Cria tensão e expectativa. Quando prolongamos o período de excitação — de um dia para outro, fluindo e refluindo, deixando passar semanas, enquanto ele ganha alguns jogos e perde outros, e transcorrem meses, intercalando união com separação e reunião —, induzimos a libido masculina para a atenção, porque é o jogo do amor o que os deixa enlouquecidos. É o drama, a intriga e a imprevisibilidade da perseguição. Não se trata de ganhar ou perder, e sim de como jogar. Veja como eles amam suas equipes esportivas, como acompanham os altos e baixos da temporada, decorando estatísticas e pontos. Mesmo com motivos para celebrar ou lamentar, o fim da temporada traz uma sensação de tédio, pois é o fim.

Eles passarão o resto da baixa temporada contando os gols espetaculares e citando pontos específicos que já sabem de cor. Porque os homens são obcecados por números.

Siga os números

Esta é a chave para investigar onde estão todos os homens. Vá onde qualquer coisa precise ser somada, subtraída ou constantemente calculada. Vá a Wall Street em busca dos contadores de dinheiro. Aos centros esportivos em busca dos marcadores de pontuação. Aos clubes de bridge, torneios de xadrez, cassinos, aulas de investimentos financeiros. Se conseguir agüentar, jogue golfe. Siga o dinheiro. Siga os números. Onde quer que precisem fazer contas, você vai encontrar homens fazendo.

Claro que eles estão por toda parte no mundo das ciências, das finanças e da economia. Mas também estão nas ciências sociais. À procura de um psicólogo? Investigue a psicologia estatística. Quer encontrar um rapaz que saiba cozinhar? Na certa o localizará numa dessas lojas de equipamentos de cozinha de alta tecnologia, que vendem medidores de carne com os mais avançados sistemas de calibração. Isso se aplica até às artes. Nas visuais, todos os caras andam freqüentando o campo da fotografia — por quê? Porque é preciso medir, calcular, somar e subtrair. Na arte de escrever, eles estão na redação de roteiros cinematográficos e teatrais, porque gostam da geometria da estrutura tridimensional, dos pontos precisos da trama, da diretriz dos 120 minutos. Na área das artes, estão na direção, claro, mas também os encontramos na administração, levantamento de fundos e em qualquer lugar onde se calculam as receitas de bilheteria.

Procure lugares onde as coisas precisam ser medidas. Quantos centímetros tem este peixe? É tão grande quanto o meu? Qual é a potência do seu carro? Quantos megabites tem seu disco rígido? Aposto que o meu tem mais. Essa amostra de núcleo tem mesmo dois mil anos? A gravura do meu primeiro livro tinha mais de quatro mil! Comprei uma máquina V-8. Meu motor mede 845 centímetros. Há 17 milhões de estrelas no nosso sistema solar. Consigo fazer cem quilômetros com cinco litros. Essa bucha tem uns dois centímetros de largura. Minha escada totalmente estendida tem mais de seis metros! Comprei ações da GE por 33 dólares cada. Sabe quanto vão render 1.297 dólares, investidos por cinco anos a uma taxa de nove por cento?

É o bastante para deixar a garota tonta.

Mas torna muito mais simples a busca por homens. Repare na sua profissão, onde você mora, seus interesses e passatempos, e depois siga os números. É onde você os encontrará.

Tudo bem, eu sei, tudo parece simples e direto demais, mas tente o seguinte: pergunte ao homem sobre números. Peça a ele que conte ou meça alguma coisa. Você verá que ele logo se anima. Pense em sair e dar uma olhada nos barcos a motor à venda, ir a um cassino, assistir a uma aula de investimentos, ir a uma exposição de carros antigos, começar a escrever roteiros, oferecer-se como voluntária na bilheteria, almoçar em Wall Street, conhecer melhor o pessoal do seu departamento financeiro ou jurídico, pesquisar a compra de um novo computador, comprar algumas ações. Você não apenas vai encontrar homens como estará vivendo no mundo, fará amigos e, escute, talvez também ganhe algum dinheiro.

Não se preocupe em encontrar o Príncipe Encantado. Não se trata de uma transação. Trata-se de ser uma força no mundo. Há muitos homens neste mundo. Mais que o suficiente. Pense bem e não ceda aos negativos, condenados e sombrios especialistas da revista *New York*, que querem apenas nos assustar para que nos conformemos com uma rapidinha com um cara nos fundos do bar. Você vale mais.

Basta seguir os números.

capítulo seis

Crie um séquito
Tantos homens,
tão pouco tempo

> O fato de o ciúme prolongar o desejo — ou pelo menos atiçá-lo — sugere como o desejo é primitivo. Não precisamos encontrar apenas uma parceira, mas também um rival. E não apenas separá-los, mas mantê-los separados. Precisamos dos rivais para nos dizer quem são nossas parceiras. Precisamos que nossas parceiras nos ajudem a encontrar rivais.
>
> — Adam Phillips, *Monogamia*

Agora que você sabe onde está a galera e se tornou especialista em flerte sutil, é hora de começar a coleção de homens. Você precisará no mínimo de dois na vida, embora seja ainda melhor ter três ou quatro competindo por atenção sempre. Afinal, nenhum homem sozinho vai atender a todas as suas necessidades nem lhe dar tudo que você precisa no campo emocional.

Então, inicie uma *coterie*. "O que é uma *coterie*?" Trata-se de uma palavra francesa fora de moda, em desuso entre nós. Os dicionários a definem como:

1. grupo de indivíduos que defendem em conjunto seus interesses;
2. grupo exclusivo; círculo;
3. grupo de marmotas que ocupam uma toca em comum.

Eu adoro a última definição, mas neste caso não estou falando de marmotas. Refiro-me a um grupo de homens que se sentem atraídos por você e vão lhe dar suficiente atenção para elevar seu ânimo. Esses cavalheiros não vão necessariamente tornar-se íntimos, mas como você é agradável com eles ou de vez em quando os elogia, eles guardam certo potencial, uma espécie de possibilidade. Desejam-na. Você não necessariamente os deseja. Na verdade, pode achar que são meio chatos ou que não merecem seu tempo e atenção. Talvez saiba, no fundo do coração, que jamais cederia ao charme deles. Pelo menos sexualmente. Na sua cabeça vocês são apenas amigos. Sim, você flerta com eles, mas não tem a menor intenção de deixar o relacionamento tornar-se físico. Sim, existe companheirismo, amizade, química. Você pode ter esse tipo de relacionamento com um homem mais velho, mais jovem, um homem caseiro, um que apenas não é adequado para algo sério. Isso é bom. Criar um séquito não tem nada a ver com alguma coisa séria. É apenas fazer com que nos sintamos desejáveis. Homens em que jamais pensaríamos para um namoro a longo prazo às vezes são incríveis acréscimos ao nosso círculo. Eles não precisam ser concorrentes.

Circule

A idéia de perder um pouquinho de tempo e energia na criação de um séquito é difícil para a maioria de nós. Queremos nos concentrar num único homem de cada vez — no que liga nosso motor, por assim dizer, e arrebata nossos corações. Nós nos apaixonamos facilmente, e sim, é delicioso. Não estou negando isso. Estou apenas sugerindo que você não se apresse, que deixe o desejo se intensificar e que seja cautelosa com o coração. Tenha certeza absoluta de que esse é o cara para você, antes de se tornar íntima. Muitas vezes começamos um namoro rápido demais e nos permitimos sair de circulação. Também deixamos o homem — o novo namorado ou até o marido — monopolizar nosso tempo e energias. Esse é um grande erro, porque a mulher precisa polir, amaciar e repor o séquito de admiradores o tempo todo. Pergunte a qualquer mulher que passou pelo divórcio, olhou em volta e percebeu apenas que todos os amigos (e em alguns casos todas as amigas) haviam se afastado de sua vida, deixando-a isolada, sem nenhum caminho de volta a uma vida social de solteira.

Mesmo que nosso casinho ou casamento seja prazeroso, após algum tempo ficamos inquietas — principalmente se nossos homens começam a achar que nos têm na mão ou perdem a concentração. A verdade é que, assim que nos apaixonamos e fazemos sexo com um cara, temos a tendência de levá-lo a sério demais. É fácil ficarmos envolvidas demais no relacionamento, e isso ocorre principalmente se não temos outros admiradores e não criamos um séquito para tornar tudo mais leve quando ficamos carentes. A pior coisa que acontece é que, quando um romance entra em colapso, ficamos totalmente encalhadas no acostamento da estrada, e mesmo que peçamos ajuda — digamos, nos inscrevamos para encontros virtuais —, achamos todos os homens horríveis. Ficamos irritadas, mesmo. Ninguém nos agrada, e a sensação de sermos leves e despreocupadas desaparece. Isso não nos torna incrivelmente atraentes e, bem, nos deixa com o humor péssimo, porque sentimos que fomos "mais uma vez enganadas"!

Mas se você é uma mulher sábia e formou um séquito, é como se tivesse adquirido um daqueles poderosos cartões American Express sem limites. Sempre haverá ajuda disponível para você no acostamento. Sempre haverá um homem disposto a consertar seu coração partido.

Por isso é crucial sair e circular — mesmo quando você estiver perdidamente apaixonada e quiser apenas passar cada momento a sós no escuro com o homem de seus sonhos. Combata essa imensa vontade: saia e seja vista. Os homens são criaturas visuais e não podem deixar de olhar. Então, por que você não usa isso a seu favor? Dê aos homens alguma coisa para olhar. Isso é bom para os homens da sua vida e para os homens do mundo. É bom para seu namorado/marido, porque ele passa a ver que você é uma força a se levar em conta e que outros a acham intrigante e atraente. E é bom que os estranhos a notem quando você sai. Os olhares discretos e a visão deles vão apoiá-la, mas também servirão para despertar a atenção do seu homem: outros a acham excitante. Então, encontre oportunidades para aparecer usando uma roupa fantástica, cercada de amigos e admiradores.

O mito da briga de gato

Além de criar uma atmosfera de competição para seus afetos, isso atiçará o desejo do homem. Como mulheres, talvez achemos difícil acreditar ou entender esse tipo de coisa. Com certeza, quando vemos um bando de mulheres gravitando em volta de um cara, talvez fiquemos intrigadas, mas assim que descobrimos que ele foi "pego", tendemos a seguir para outro lado. Não queremos mesmo competir pelos carinhos de um homem. A idéia da briga de gato é uma invenção masculina para nos convencer a arranhar os olhos umas das outras para conseguir nosso homem. Mas a verdade é que, em geral, não queremos um homem que nos obrigue a literalmente batalhar por ele. Realmente não estamos a fim de puxar os cabelos de outras mulheres, rasgar-lhes a blusa e chamá-las de "putas e cachorras". Esse é o mundo artificial dos programas de TV norte-americanos *The Jerry Springer Show*, *Desperate Housewives* e *Elimidate*, que não passam de satisfação do desejo masculino e motivação para degradar o amor romântico. Apenas leia *Can Love Last?*, de Stephen A. Mitchell.

Não somos ligadas nesse tipo de batalha simplesmente porque, em geral, os homens vêm atrás de nós. Eles precisam mais de sexo do que nós e se dispõem a fazer qualquer coisa para consegui-lo. Mas, como odeiam esse fato, criam todas as formas de propaganda para nos convencer de que outras mulheres lá fora andam caçando homens e bancando as idiotas. Não temos de fazer isso e jamais tivemos.

Por outro lado, os homens são propensos e na verdade gostam da briga. Adoram a batalha. Adoram esportes e contar placares. Adoram a imprevisibilidade do futebol. A surpresa do contra-ataque, os altos e baixos de qualquer campeonato. Gostam mesmo de correr no campo, chutando bolas, gritando sobre as jogadas e os gols mais bonitos: "Ganhamos! Ganhamos!" Isso até o campeonato seguinte, quando começa tudo de novo, uma nova batalha precisa ser travada e haverá novos gols marcados.

Até o cara que se senta no sofá e passa todas as tardes de sábado assistindo esportes inveja em segredo a vida do zagueiro, imaginando-se com a bola, correndo, marcando e lançando. E o zagueiro real, que de fato corre, marca, lança e seja lá o que fazem os jogadores também imagina que tudo isso é mais que um jogo. Ele canaliza para o inconsciente o eu primitivo, o homem antes do McDonald's — quando tinha de caçar, perseguir e matar o javali para poder ter seu McLanche Feliz.

Por que negar aos homens a emoção da caça?

E, se você não quiser flertar e criar um séquito para suas próprias necessidades egoístas, então pense no altruísmo de dar a seu homem sua obrigação primitiva.

Tudo bem, esqueça o altruísmo.

O xis da questão é que é difícil formar um círculo quando um homem já a "pegou". Acima de tudo, você perdeu a motivação — está preocupada, talvez até apaixonada. A verdade é que muitas de nós têm a tendência de se jogar num relacionamento assim que dormimos com um cara. Gostamos da idéia de ter nossas necessidades sexuais satisfeitas, às vezes mesmo quando ele é apenas um "amigo com benefícios". Mas aí está o problema nessa situação: ele vai aparecer na noite de sábado, mas vai ficar? Ou vai dar-lhe um fora — ou fazer alguma coisa idiota que a force a lhe dar o fora?

Ou talvez você decida que gostaria de mais, só que é muito tarde, porque você não tem nada com o quê barganhar. Ele adquire o hábito de aparecer na noite de sábado com um vídeo, uma pizza, e de repente você quer sair para jantar e ir a uma boate. Meu bem, nós somos apenas amigos. E o outro pensamento mau (e não se assuste, porque já ouvi homens dizerem isto): bem, se eu sair com você, meus amigos vão descobrir que estou saindo com alguém e, pior de tudo, vão contar à minha namorada. Uma advertência: nunca, jamais confie num homem que não saia com você. Há um motivo, e não é o orçamento dele.

Agora, nem todos os homens são apenas canalhas. Na verdade, a maioria é muito, muito sensível. Por isso é que passam por todos esses cercos e jogos para evitar desilusões amorosas. Muitos jovens se apaixonaram na terceira série pela menina de sardas e lhe enviaram um grande cartão no dia dos namorados, feito à mão, com corações recortados e um guardanapo de papel branco com as palavras "Eu te amo" escritas com lápis de cera no alto. E sabe o que a menina de sardas fez? Riu. Virou-se para a amiga Margaret O'Shanahan e as duas deram uma boa risada. E nosso menino? Bem, ele jurou nunca, nunca, jamais deixar isso acontecer de novo.

E assim, você está pagando pelo que a menina de sardas da terceira série fez ao frágil coração dele.

Tudo isso é para dizer que, enquanto você cria seu séquito, flerta e se diverte, deve pensar no seu verdadeiro objeto de afeição. Avalie o grau de tolerância dele. Seja sempre sutil e, mesmo que esteja se divertindo, seja sensível. Não, não caia na cama porque está desgostosa por causa de um cara. Mas pense no ego masculino e seja cuidadosa. Acima de tudo, seja criativa.

Não tenha pressa e não faça nenhuma promessa (real ou imaginária) a qualquer homem por um longo tempo. Continue circulando, porque a verdade é que a maioria das mulheres não sente vontade de procurar outros homens quando está intimamente envolvida com um. Mas os homens são inteiramente capazes de marcar dois, três ou até quatro encontros. Assim que levam a mulher para a cama, os egos ficam todos inflados e eles pensam de repente: "Uau, eu sou o cara. Estou no time dos vencedores.

Tragam as gatas!" Passado algum tempo, toda vez que a vêem, eles começam a visualizar paredes fechando-se em volta e pensam: "Ai, meu Deus, talvez seja isso. Essa garota. Já pensou se eu acabar passando a vida toda com ela?" (E, claro, sempre há a possibilidade da Coelhinha da *Playboy*.)

O relógio dele começa a tiquetaquear. Tantas gatinhas, tão pouco tempo, e ele quer dar o fora antes que seja tarde demais!

Mantenha as opções abertas

Já vi isso acontecer diversas vezes. Um cara está fogoso e em perseguição acirrada a uma determinada moça, e aí, assim que dormem juntos (e isso poderia ser no terceiro ou trocentésimo encontro) ele perde o interesse nela — e fica muito interessado no amplo e maravilhoso mundo de garotas lá fora.

A resposta?

* Não pule logo na cama com o cara.
* Não o deixe ocupar todas as suas noites, para não ficar impossibilitada de sair com vários homens.
* Flerte.
* Crie seu séquito.

Ora, somos todas mulheres ocupadas. Damos duro no trabalho. Temos muitas responsabilidades. E talvez o tempo e o esforço para criar um círculo lhe pareçam assustadores. É possível que você pense: "Mas eu só quero um cara! Por que tenho de ficar amiga de todos esses outros quando eles não são o que eu quero?"

Eis minha resposta — se você não criar um círculo, um dia acordará como os três porquinhos cuja casa desaba porque foi feita de palha, em vez de tijolo. O círculo de amigos é sua fortaleza. Toda garota precisa de um, pois isso lhe dá a chance de flertar, exercitar sua arte, novos amigos, encorajamento, uma forma de ser vista no mundo, status, sedução, e a gente nunca sabe: o barco dos sonhos talvez esteja em seu círculo. Portanto, trate de se ocupar. Experimente múltiplas tarefas. Vá a eventos, reuniões, conferências, seminários que se relacionem com sua profissão. Observe sua vida e o modo como a vive agora mesmo, e depois veja onde poderia ser mais social, onde poderia flertar com homens e encontrar alguns admiradores. O genial em relação aos admiradores é que eles não precisam ser homens de sua preferência específica — apenas têm de gostar de você e lhe dar suficiente atenção para que outros homens fiquem atentos e reparem. O legal de criar o séquito, flertar e não fazer sexo com ninguém durante algum tempo é tornar a coisa toda menos séria. Você vai recuperar seu poder, sentir-se forte e sexy. Ninguém a está usando como a "amiga com benefícios", enquanto a noiva está em Iowa terminando a graduação. Ninguém a está fazendo se perguntar o quanto ele é sério. Ninguém anda deixando-a nervosa e levando-a a imaginar aonde vai dar isso.

Crie um séquito e salve o planeta

Quando você forma um círculo, flertando com os homens com os quais não tem a menor intenção de deixar as coisas evoluírem, descobre que muitos deles vão querer desesperadamente que elas evoluam. Isso é bom para você. Bom para seu ego, bom para o mundo. Sim, bom para o mundo. De que forma é bom para o mundo? Bem, vejamos, se não saltarmos logo na cama com os homens, a não ser que já sejam realmente sérios, eles começarão a perceber que, se quiserem sexo, vão ter de ser sérios.

Pense em termos de flerte com oportunidades iguais. Seja o mais doce possível. Fique bem bonita. Divirta-se. Não apenas vamos todos nos sentir melhor sendo legais uns com os outros, como nossos egos serão estimulados pela atenção — e os homens começarão a sentir a tensão de quando não satisfazem logo seus desejos. Simplesmente a salvação deste planeta está em jogo! Romance, anseios, desejo e namoro vão ajudar até a economia americana, pois farão os casais saírem de casa para o mundo, sustentando restaurantes, bares, cafeterias e teatros. Abaixo os ridículos "três encontros seguidos pela hibernação, no quarto de alguém pelos três meses seguintes, até o caso amoroso degenerar-se em vídeos e pizza em casa, e acabar com a moça chutando o rapaz para fora porque ele é um grande porco e nunca quer sair de casa".

Mas imagine o seguinte: todos estamos no mundo — não necessariamente namorando, mas com um grupo de amigos, nosso séquito, nos divertindo e, sim, sustentando a economia. Ah, e talvez volte à moda o hábito de passear a pé — exatamente como em Paris, flanaremos pela rua, pelo parque, pelo centro da cidade, porque com toda certeza queremos exibir nossa beleza em público. Talvez os centros de nossas cidades sejam revitalizados. As pessoas ficarão em boa forma fazendo esse exercício. Começarão conversas interessantes, trocarão idéias. Grandes mentes se fundirão! Novos projetos sociais serão lançados! Nossas comunidades vicejarão e prosperarão!

Então, comece hoje. Flerte com homens. Flerte com amigas. Inicie uma correspondência poética. Esteja sempre muito bonita. Aja sempre como diante da possibilidade de conhecer alguém muito, muito interessante. Interesse-se por todos, pelo mundo. Ah, e por favor, nunca, jamais, comece a se vestir como seu marido ou noivo. É a morte. Você é mulher e, ele, homem. Não o deixe colocá-la num saco e véu simbólicos (leia-se: calça cáqui, camiseta, cabelos tosados e boné de beisebol) como uma forma de anunciar ao mundo que você foi "pega". Jamais deixe o homem achar que você foi "fisgada". Guarde e mantenha sua liberdade.

O namoro moderno é uma impostura

Eis o problema que criamos por não formarmos um séquito. Estamos sempre colocando todos os nossos ovos na mesma cesta. Saímos para jantar com um quase estranho como se pudéssemos realmente julgar se o cara é bom para casar: um pai em potencial para nossos filhos. Enquanto isso, ele avalia se seria fácil/divertido/descomplicado nos levar para a cama e se nos incluímos na categoria de "mulher para casar" ou "boa-para-o-momento". Não interessa se você já saiu três ou trinta vezes com esse cara — você não o conhece de verdade no cenário artificial do namoro moderno, que se tornou nada mais do que um acesso à via expressa sexual.

Mas como você vai conhecer o homem sem sair com ele? Como pode descobrir que é uma pessoa legal, um cara decente, um camarada digno de confiança, sem sair com ele? É simples. Você o torna parte do seu círculo.

O poder da amizade

Transforme-o num amigo. Não, não lhe diga o que está fazendo. Os homens odeiam a palavra amigo, pois sabem que isso significa ausência de sexo. Mas precisamos reeducá-los e fazê-los ver que amigo significa ausência de sexo agora, não para sempre. Como fazer isso? Traga-o para seu círculo. Convide-o a lugares a que você vai com seus amigos e família. Seja amável com ele, sempre. E flerte. Com leveza. Simpatia. É bom para o ego masculino e para você. Alguns homens no grupo que você criou já se interessam por você, mas também são "apenas amigos". Se o interesse deles anda meio fraco ultimamente, então essa nova descoberta vai reanimá-los e torná-los mais competitivos. Nunca serão demais os homens em seu círculo.

Passe a conhecer bem todos eles. Veja como se comportam quando se enfurecem, quando perdem no jogo. Como lidam com as perdas no mercado de valores. Como tratam os amigos e a família. Claro que você vai descobrir haver homens no seu círculo que realmente "não atrairão você". Tudo bem, porque você não vai ficar nua com eles mesmo, e ainda é bom ter um admirador por perto para atrair outros. Além disso, nunca se sabe. Uma de suas amigas talvez comece a gostar dele, e embora ele não seja o certo para você, pode ser perfeito para ela. Assim, como você vê, criar um círculo é na verdade um ato humanitário!

Pode continuar criando esse círculo e aumentando-o. As coisas só ficam complicadas quando você dorme com qualquer desses homens. Assim que faz isso, passa a ser vista como "pega", e os outros caras se afastarão. Após algum tempo, é bem provável que você já saiba qual deles no círculo é o certo para você. Então pode deixar o processo de namoro começar. Sair para jantar e ser romântica. A diferença é que você está namorando e sendo sensual com um homem que você realmente conhece. Alguém que seus pais e família conhecem — não um estranho que achou num bar numa noite de sexta-feira.

Triângulos somos nós

Em seu esclarecedor livro *Can Love Last? — The Fate of Romance Over Time*, o saudoso psicanalista teórico, entre muitas outras competências, Stephen A. Mitchell sugere que criemos de propósito, em nossos relacionamentos, o paradigma de segurança e perigo simultâneos. Precisamos de uma sensação de segurança, de "lar", para então viajar ao exterior, testar as águas do desconhecido, talvez o proibido, sabendo que temos um ponto seguro estabelecido ao qual retornar quando terminarmos nossa aventura. Os homens, em particular, tendem a esse triângulo, que se apresenta de várias formas, como o cara que tem uma esposa amorosa, protetora, e uma amante do outro lado da cidade, pintora, dada a atirar vasos quando fica bêbada, e que não parece acomodar-se num lugar por muito tempo. Uma representa segurança, tranqüilidade, o conhecido, e a outra, o novo, o estranho, a aventura, e talvez até o perigo. Precisamos das duas coisas para apreciar a ambas.

A dificuldade do amor com o passar do tempo é que ficamos conhecidos demais um do outro e adquirimos hábitos que não nos surpreendem mais. É como se o Botafogo jogasse com o Flamengo no campeonato estadual ano após ano e o resultado fosse o mesmo, com os mesmos jogadores, e todas as mesmas faltas, jogadas e gols. Não haveria surpresas, tensão nem empurrões. Muitas vezes deixamos isso acontecer em nossa vida amorosa porque queremos paz. Desejamos excitação, perigo, surpresa e aventura, mas acreditamos que precisamos abrir mão disso em troca da calma. Não queremos que nossas uniões se transformem em cenas de *Quem tem medo de Virginia Woolf?*. E, assim, nos deixamos ser capturadas, imobilizadas e mantidas, com as relações com as amigas esquecidas, os círculos de admiradores esquecidos.

Com um dia, duas semanas ou vinte anos no relacionamento, o homem vai virar-se para você e perguntar: "Por que você não cozinha mais peito de boi?" E você olhará para ele, confusa, e deixará escapar: "Mas eu nunca fiz peito de boi na vida! Era a sua mãe!"

Sim, a mãe dele. Arrepiante, não? Mas é isso o que os homens farão com você. Até os mais modernos e esclarecidos cavalheiros tendem a nos transformar em suas mães. Por que ele faria uma coisa tão louca? Talvez porque, como sugere Stephen A. Mitchell, seja difícil conservar a idéia de aventura, a empolgação do imprevisível jogo do amor. E assim os homens (e muitas vezes também as mulheres) criam uma "base doméstica", um lugar ao qual possam retornar sabendo que seus cortes e hematomas serão curados, onde o esperam sempre uma refeição quente e a mamãe, sempre a mesma. Basta ler a descrição de Philip Roth de sua mãe em *O complexo de Portnoy*. Quando um cara transforma a esposa numa pessoa previsível, é ruim. É péssimo, porque, uma vez que você se tornou "mãe" dele, o cara logo mergulhará na Síndrome de Choque Edipiano, e sentirá uma vontade esmagadora de fugir de casa, deixando para trás segurança, tranqüilidade, o conhecido, mamãe e você.

Os homens não chamam de séquito. Chamam de estar vivo

Talvez você ache que nenhum homem vai imobilizá-la assim, mas se surpreenderia como eles às vezes são sorrateiros quando se trata de seduzir as mulheres e nos impulsionar para o momento último em que precisam fugir de nós. Enquanto isso, o mesmo homem tem outras mulheres disponíveis. Tem uma, duas ou três suplentes, e assim nunca se sente amarrado. Mesmo os homens casados já há cinqüenta anos mantêm seus flertes. Desde que ainda respire, ele procura. Talvez eles não chamem isso de séquito, mas fantasiam sobre a mulher que oferece alguma coisa nova, ou misteriosa, ou apenas diferente. Você já teve notícia de algum casal que se divorciou e duas semanas depois de assinados os papéis o cara se mudou para morar com outra mulher? E isso não acontece porque ele acabou de conhecer a nova garota, e sim porque ela esteve ali na visão periférica dele o tempo todo.

Nesse caso, o que é bom para ele é bom para ela. Seu círculo é a melhor defesa contra o excesso de conhecimento e tédio no relacionamento. Mantém viva a possibilidade de aventura. Mais do que isso, um homem não pode acusá-la de ser como a mãe dele nem se sentir amarrado se você fizer parte do mundo, rindo, circulando, divertindo-se e sendo admirada. Você está mostrando pelas ações, não tanto pelas palavras, que ele não é seu dono. E ninguém está sendo amarrado. Isso o fará querer amarrá-la. Mas nunca deixe que ele faça isso (bem, pode deixar, mas tem de ser apenas para fins recreativos).

Se você é casada ou tem namorado, é importante que jamais ceda à tentação de se relacionar em termos físicos com um membro de seu círculo. Ou se o fizer, precisa ser extremamente discreta e nunca tornar a mencionar isso. Mas, em geral, enganar não é bom, além de tornar a criação e a manutenção de um círculo de amigos extremamente difíceis, porque seus motivos daí em diante serão sempre suspeitos. Então, não o faça. Em vez disso, deve tratar sua turma de admiradores estritamente como amigos. Sim, amigos com os quais você às vezes flerta, mas só de maneira muito sutil e inocente. Todos os relacionamentos com seu círculo devem ser inteiramente transparentes. Assim, seu marido ou namorado não poderá reclamar quando você procurar um membro do círculo para um pouco de diversão naquelas ocasiões em que o companheiro não está sendo atento e precisa de um toque, ou mesmo quando ele sai da cidade a negócios. Em *Homens são de Marte, mulheres são de Vênus,* John Gray descreve o fenômeno de que o homem (muitas vezes após um período de intimidade) foge e se esconde em sua "caverna". E, embora sugira que a mulher deve fazer compras durante esse período, eu tenho uma idéia muito melhor. Recorra aos amigos! A verdade é que, após a intimidade, a gente sente vontade de reconforto, atenção, conversa e olhar masculinos. Precisamos reiterar o fato de que continuamos sendo desejáveis, de que ainda não revelamos todos os nossos mistérios. Então, se seu homem está roncando na caverna, é hora de recuperar a vitalidade em outro lugar.

O séquito estimula o ego

Convoque a retaguarda. Pode ser um ou vários homens amigos seus (apenas amigos), mas que também se sintam atraídos por você. Ele é o cara que infla seu ego e a faz sentir-se bem. Existe uma sensação de alguma emoção oculta, mas nenhum dos dois jamais a mencionou. (Por isso o flerte é um esforço para toda a vida, porque você sempre precisará aumentar e renovar o círculo de amigos e admiradores.) O pelotão de retaguarda, o séquito, inclui um velho amigo, um colega de trabalho, um gay. O principal é que ele a faça sentir-se desejável. Sair para um café-da-manhã com um ou mais desses homens é muito melhor do que para comprar sapatos — mas, claro, se você puder combinar as duas coisas, bem, então as inseguranças acabarão! Você é uma garota feliz!

E isso fará com que o namorado/marido saia correndo da caverna bem depressa. Porque, como eu já disse, os pênis têm ouvidos. Seu círculo é uma excelente maneira de usar esse fenômeno. Se um homem a espera nos bastidores, o marido, o namorado ou até o homem que acabou de conhecer vão sentir a existência de outros já prontos e dispostos a tomar o lugar deles. Portanto, se um cara se retirou para a caverna, apenas se ocupe com outros caras — ele sairá muito mais rápido assim. Por isso é essencial manter o séquito, os flertes e polir (ou amaciar) a retaguarda.

Amor é aventura

Cada nova pessoa que você acrescenta ao seu círculo representa a própria paisagem, aventura, geografia e potencial dela. Cada novo homem tem sua própria fórmula, sua própria história, sua própria forma de flerte, sua exclusiva linguagem de sedução. O processo para descobrir essa paisagem é bom para a saúde. Mesmo nas mais deliciosas alianças românticas, chega uma hora em que a paixão perde parte da força original. Os sentidos ficam meio embotados quando nos tornamos cada vez mais conhecidos um do outro, e até a química do corpo é afetada. Segundo a *Psychology Today*, nós nos relaxamos na complacência e bem-estar quando nosso corpo se enche de vasopressina e oxitocina — hormônios neuroquímicos que estimulam as pessoas a ficarem juntas por muito tempo e também ligadas ao que sentem, como ao abraçar o parceiro de longa data, mas diminuem a excitação inicial que temos com o flerte, o romance e a aventura. Helen Fisher, antropóloga da pesquisa, diz que o problema é que, após algum tempo juntos, nossos corpos param de produzir dopamina, que é a substância química que impulsiona o desejo, a conquista, e faz-nos sentir estimulados e excitados. Então, o que você pode fazer? Talvez dedicar-se a algumas atividades novas, como origami ou dança de salão. Ou a algo que envolva um elemento de risco e perigo, como o alpinismo. Mas eu sugiro apenas que passe algum tempo com seu séquito. Introduza isso na sua vida social. Mostre (não diga) ao parceiro que você é desejável e desejada neste mundo. Saia de casa. Seja aventureira. Faça essas substâncias químicas cantarem.

Crie uma guerra de lances

E, se não estiver num relacionamento, é particularmente importante criar um círculo de amigos antes de se envolver com qualquer homem. Porque, uma vez íntima de um cara, é realmente muito difícil encontrar tempo, energia e vontade para cultivar o séquito. Por isso é que os homens lhe dão a onda de adrenalina. Quando a conhecem, ligam o tempo todo e querem vê-la três noites por semana. Trabalham para garantir que outros competidores não tenham tempo de chegar a você. Depois partem para finalizar o assunto, levá-la para a cama e seguir adiante. O segredo é fazê-los ir mais devagar. Pense assim: você é uma corretora de imóveis de destaque, tem uma casa maravilhosa à venda num local sensacional, e procura um comprador. Você:

1. Convida o primeiro cara que mostra algum interesse para vir morar de graça durante três meses para ver se gosta ou não?

2. Arruma a casa, pinta-a, põe algumas flores frescas e abre as portas? No fim do dia, fecha a porta, tranca-a, espera todos os lances serem dados e depois escolhe a melhor oferta?

Não, você não é uma propriedade à venda, mas é assim que os homens a vêem, verdade seja dita. Portanto, seja esperta. Respeite a si mesma e não caia pelo primeiro camarada que aparece. Forme um círculo. Deixe os lances serem dados.

Os homens não são muito originais na maneira de pensar. Querem o que o outro cara tem. Querem a aprovação dos amigos e da turma. Além disso, no fundo são conservadores, então não querem o que é completamente novo e que jamais foi visto antes. Querem o último modelo de alguma coisa já aprovada como a mais recente e fantástica. Vivem olhando para trás. Você sabe que já viu isso — com carros, computadores e máquinas. Eles cobiçam essas coisas não porque verdadeiramente enriquecem sua vida, mas por elevarem seu status no mundo. Toda nova aquisição faz os outros caras empertigarem-se na cadeira e dizer: "Ei, veja o Ralph e aquela nova Ferrari. Ele deve estar muito bem!"

O problema com relacionamento é que, assim que o cara nos leva para a cama, torna-se cada vez mais difícil continuarmos sendo a excitante nova aquisição. É mais ou menos assim: ele tem o carro há alguns meses na garagem, e na rua, bem, torna-se apenas outro método de circular pela cidade.

Quando se trata do relacionamento conosco, passamos a lhe proporcionar o mesmo tipo de sentimento — simplesmente não somos mais tão excitantes, estamos sendo vistas como certas. Mas se você forma um círculo, cria ciladas e possibilidades suficientes para não permitir a ele que a considere segura e certa, guardada na garagem. Não, você saiu. Vruum. Vruum.

O relacionamento pode ser salvo (com a ajuda do séquito)

O séquito, por fim, oferece um motivo para mantermos a boa aparência, comprarmos um novo par de botas, perdermos alguns quilos, irmos ao concerto de Klezmer, começarmos a aprender pintura a óleo e nos juntarmos ao habitat da humanidade. Embora os maridos e amigos talvez percam a concentração em nós e fiquem cada vez mais míopes, outros homens oferecem seu olhar. Vicejamos sob esse olhar, reavivamos nesse calor, e à medida que crescemos e mudamos, nossos parceiros adormecidos despertam e saem se arrastando das cavernas para ver que novidades andamos aprontando. Em suma, o círculo de amigos é uma construção que estimula e mantém os relacionamentos saudáveis, sensuais, progressivos e vibrantes.

O séquito são as dunas que protegem seu litoral, a casa de praia, a sensação de ser desejável e seu valor. Forme-o. Invista no seu futuro. E proteja seu patrimônio.

capítulo sete

A arte da resistência
É a termodinâmica, meu bem

Ansiamos pela imortalidade. E, assim, ansiamos pelo amor épico, pela vida aventureira, pelo romance que nos inspire com deliciosas lembranças e nos aqueça quando finalmente seguirmos o caminho para a morte. Admita, você anseia por ser imortalizada em letra e música. Quer poemas épicos escritos sobre seu seio esquerdo, os salpicos verdes nos olhos, o ombro róseo, o sorriso devastador. Quer que lhe ofereçam baladas em serenata, que falem de você e a amem por anos e anos, mesmo depois de desaparecida a beleza. Quer ser o tipo de mulher de quem se fala como uma força da natureza. Quer que um homem feche os olhos quando pensa em você, arrebatado pelo encanto do seu toque, abalado até o mais íntimo, enlouquecido, desfeito, atordoado de amor e dominado pela paixão. Quer um homem que a veja como a própria natureza. Terra, Ar, Água, Fogo.

Mas também, talvez essa seja só eu.

E sabe de uma coisa? É assim que os homens nos vêem — a fêmea: incontrolável como a natureza, épica como o mundo, misteriosa como a própria vida. Uau!

O problema é que somos muito modestas! Dizemos: "Não, não, sou apenas uma garota normal. Vou querer uma Budweiser! Ah, tudo bem, não preciso de copo. Bebo na garrafa."

Isso não é épico. Nem romântico. E certamente não é usar todos os poderes. Poderes para quê? Para criar um caso amoroso magnífico, que infunda reverência, uma coisa excelente, rara e substancial — aquele romance que dura muito, muito tempo, aquele relacionamento (ou casamento, se preferir) em que os homens pensam no leito de morte. Isso não parece simplesmente delicioso?

Vou lhes contar um segredinho: está em seu poder orquestrar o romance épico, e eis como se faz: Resistência Estratégica.

Agora que você já sabe flertar e formou seu séquito, aqui vai o passo seguinte. Concentre-se num único homem e depois simplesmente resista.

Tudo bem, é um pouco mais complicado.

Assim como os homens farão qualquer coisa para apressá-la a transar, você precisa fazer tudo para fazê-los reduzir a marcha, descarrilá-los e desviá-los do caminho. Resistir.

Como os homens partem para a matança: Teoria da Caça

O primeiro passo é levar em conta as ferramentas de sedução deles e examinar exatamente o que fazem para levar a mulher para a cama o mais rápido possível. Eis como funciona: primeiro eles convencem a cliente de que ela, de algum modo, não está à altura. Fazem-na se sentir insegura. Como eu já disse, faz-se isso o tempo todo na propaganda, com grandes resultados. As empresas nos vendem produtos fazendo-nos acreditar que não somos bonitas, nem jovens, nem magras o suficiente. Os homens usam a mesma técnica.

É o método de fazer a corte em Hollywood. O cara recebe uma roteirista talentosa, maravilhosa, premiada, no escritório. Faz com que ela se sinta muito à vontade, concede-lhe um ou dois elogios, oferece-lhe um refrigerante, uma cerveja, um café com leite, e depois parte para a matança. Isso significa basicamente fazê-la se sentir mal. "Puxa, gostamos muito mesmo do seu roteiro sobre a médica que viaja à Guatemala para trazer as cinzas da irmã assassinada — mas precisaria ser reescrito. Acha que poderia acrescentar um pouco mais de humor? E que tal um pouco de sexo? Ela não poderia ter um caso com o cara que assassinou a irmã? Ah, e se ela arranjar um emprego como stripper para pagar a viagem? Isso com certeza acrescentaria algum tempero, não acha? Por que não vai para casa e reescreve rapidinho? Com um adiantamento do pagamento, claro."

A reunião termina com montes de beijinhos soprados, e de repente a roteirista atravessa o terreno do estúdio, fitando o uniforme céu azul e os cenários, perguntando-se por que acabou de conseguir... bem, conseguiu. Mas é uma brilhante manobra. Deram-lhe uma recompensa e a vaga promessa de um futuro prêmio.

É o que nossos homens têm feito conosco. Primeiro elogiam, depois descobrem nossas fraquezas e as usam para partir para a matança. Porque, afinal, você não tem 22 anos, não é loura, precisaria perder dois quilos, seu nariz não é muito pequeno, os seios não são muito grandes, a bunda não é muito redonda, a renda mensal não é muito alta, não estudou nas universidades tradicionais, o bairro onde mora não é dos melhores. Você não é uma estrela de cinema/modelo de lingerie, não é uma das gêmeas Olsen — simplesmente não é tão fabulosa assim, e devia ser grata por qualquer migalha de afeto que possa obter!

Trata-se da técnica do bom policial/mau policial:

Bom policial

* Ele a cumprimenta.
* Faz você se sentir à vontade.
* Faz você se sentir segura.
* Faz vagas promessas, como: "Um dia vou lhe mostrar o lugar em Martha's Vineyard onde meu pai pediu minha mãe em casamento."

Mau policial

* Procura suas verdadeiras ou imaginadas fraquezas ou falhas e depois a critica (às vezes com delicadeza, outras nem tanto).
* Faz você se sentir vulnerável, não boa o bastante.
* Assegura-a delicadamente que para ele não tem importância você não ser uma modelo da Victoria Secret.
* Parte para a matança e a seduz.
* Duas semanas depois, dá o fora, porque você não é uma modelo da Victoria Secret!

Dissecando o especialista em periodontia

É uma técnica que os homens vêm usando desde a Idade da Pedra. É tão velha quanto o menino que mergulha a trança da menina no tinteiro porque na verdade tem uma paixonite por ela, mas a idéia dói tanto que ele simplesmente não pode dizer o que sente, e em vez disso precisa magoá-la. Eis a versão contemporânea: uma linda mulher de 46 anos tem uma consulta com um especialista em periodontia. O cara, na faixa dos sessenta, sente uma óbvia atração pela atriz/paciente. Então faz o seguinte: primeiro a elogia e flerta com ela. E depois parte para a matança. Começa: "Bem, as mulheres da sua idade...", e continua numa maldita e sombria história sobre a diminuição das chances de ela obter o sorriso perfeito, porque deve estar "no mínimo na pré-menopausa". A verdade é que, para 46 anos, ela, além de ser linda, goza de ótima saúde e está em excelente forma física. Mas não é isso o importante. O importante é que ele, usando a técnica do bom policial/mau policial, primeiro faz nossa amiga sentir-se lisonjeada, e depois tenta fazê-la sentir-se insegura em relação à idade. Assim, ela ficará grata quando ele — vinte anos mais velho — der em cima dela. E não se assuste se estiver pensando: "Ah, meu Deus! É antiético! É inadmissível que médicos dêem em cima das pacientes!" Meninas, perguntem a si mesmas: quantas vezes os médicos fizeram investidas explícitas ou sutis? Encerrei o caso.

Tudo bem, o médico não está dando em cima, pelo menos ainda não. Está apenas fazendo seu jogo. A maioria dos homens faz e nem sequer sabe que está fazendo. É a segunda natureza. Rebaixam a mulher, assim ela se sente vulnerável. Partem para a matança. Fazem isso todo dia apenas por diversão e porque é muito fácil. Muitas vezes, se deparam com uma garota que cai feito um patinho e fica grata pelo passo seguinte no processo de sedução, que é quando ele diz: "Ah, mas não me importa que você seja (preencha a lacuna). Vejo você como é. Aprecio você. Agora, que tal um drinque?" É tão fácil para eles ludibriá-la porque a mídia já fez quase todo o trabalho de base, nos deixando inseguras, então nem tem mais tanta graça para os homens. Não mesmo.

Mas eis o que podemos fazer a respeito. Resistir. Não caia nessa cilada. Ofereça resistência de interesse. É o que eles querem de fato: uma caça, um desafio, algo emocionante e dramático. Que valha o esforço. Algo excitante que faça o sangue ferver.

Como encenar um romance épico, então?

Bem, agora que você reuniu seu séquito, é hora de colocá-lo em ação. Vá a uma festa ou um bar com um ou dois de seus membros. Eles vão ser seus "co-pilotos", embora não saibam disso.

Os co-pilotos e suas más intenções

Tirei o termo "co-pilotos" de um artigo na seção Sunday Styles do *New York Times*. Foi originalmente usado no filme *Ases indomáveis* para se referir a um amigo do piloto que o acompanha no ar e em terra — mantendo em essência as amigas de uma mulher ocupadas para que nosso herói possa isolar e conversar com o objeto do seu desejo. Hoje, os homens estão de fato pagando — sim, pagando dinheiro, dinheiro de verdade — a mulheres "co-pilotos" para acompanhá-los a bares e festas e sutilmente apresentá-los a outras atraentes. Estas nunca sabem que estão sendo manipuladas. Mas, como acreditam que o cara deva ser legal — afinal, é amigo de uma mulher muito agradável —, elas dão os números de telefone, saem e na certa vão para a cama com eles, sem jamais saber que foi um arranjo que custou a eles cinqüenta dólares por hora.

Por que a troca de co-pilotos para co-pilotos femininos? Bem, parece que as mulheres são muito mais eficazes em estabelecer relações com as outras e introduzir um "amigo" na conversa. E, segundo Shane Forbes, programador de computador que criou o Wingwomen.com., as mulheres "criaram estratégias reativas para frustrar a missão de escolha do co-piloto". É, as moças criaram defesas. De fato, fiquei sabendo há pouco que universitárias e mulheres na faixa dos vinte anos usam uma técnica conhecida como

"Bloqueio ao Pau"*. Trata-se de uma garota que acompanha a amiga ou amigas a um bar ou festa e concorda com: 1) não beber e 2) garantir que a amiga vá para casa com ela e as outras, e não com o garanhão que dá em cima dela na mesa de bilhar. Não pareceria interessante perceber que as garotas ainda querem acompanhantes? No excelente livro *A Return to Modesty*, Wendy Shalit explica que os motivos tradicionais para as mulheres dizerem não ao sexo (restrições parentais/sociais) foram praticamente abandonados. Por isso as jovens estão se tornando cada vez mais criativas na busca para manter os predadores acuados.

Mas agora Forbes diz que, com a ajuda dessas "co-pilotos", os homens têm uma "taxa de conversão" de 65 por cento, significando que os inocentes alvos femininos são convertidos — de tão convencidas da dignidade do homem, elas revelam o número de seu telefone ao cliente que pagou à co-piloto para fingir serem amigos. A verdade é que o cara e a co-piloto se conheceram apenas cinco minutos antes, na frente do bar/festa/seja o que for. Ele é basicamente um fulano que quer escolher seu próprio "encontro". Forbes diz que a técnica da co-piloto funciona porque, quando uma mulher vê o homem com uma amiga, entende-o como "tendo um selo de aprovação e sendo menos hostil". Sem dúvida, há alguma verdade nisso. Quando um homem sozinho se aproxima de nós, ficamos meio desconfiadas. Não sabemos quem ele é, de fato. Pelo que sabemos, poderia ser um assassino serial apenas parando para tomar uma taça de Chardonnay. Mas se chega com uma amiga, imaginamos que não pode ser muito mau. Por isso os homens pagam

---

* "The Cockblock", no original. (*N. da T.*)

uma boa quantia para nos fazer baixar a guarda. Sabem que o maior medo da mulher é ir para casa com um bruto ou pior. De fato, os autores de *Como se dar com as mulheres* dizem: "O medo de serem violentadas, maltratadas ou estupradas é a maior preocupação que as mulheres têm ao sair com um homem." Os caras sabem, e por isso aceitam contratar uma moça simpática para fazê-los parecerem bacanas, inteiramente seguros, ligados à comunidade de boas moças e gente legal. Mas é tudo simulação!

Você precisa de escolta/acompanhante/co-piloto

Sabendo disso, não devemos sentir-nos de modo algum como se fizéssemos um jogo quando levamos junto um co-piloto protetor. Alguém que crie uma barreira na estrada. Sim, escolha um ou dois amigos de seu círculo e vá a uma festa. Circule. Ria. Divirta-se. Vá em frente e flerte com um homem, sabendo que ele não vai achar que você está atrás dele, porque, afinal, já está acompanhada. É obviamente uma garota popular. (Só um lembrete: o flerte é leve, sutil, sem insinuação sexual.) Mais do que isso, porém, o co-piloto pode jogar na defesa se o cara for um verme mesmo.

Eis a maravilha de levar junto um membro do séquito a uma festa ou bar:

* Você sempre tem alguém com quem conversar e ser vista.
* Tem alguém com quem circular.
* Você pode ser extremamente amistosa e conhecer homens, sabendo que eles não vão achar que está "atrás deles", porque já está com alguém.

* Se acabar conversando com um chato, você tem um pretexto e pode sair rápido.
* O cara de seu círculo pode ajudar a fazer apresentações e jogar conversa fora.
* Pode buscar bebidas para você!

Por isso é importante saber escolher o seu acompanhante. A idéia é colecionar homens que estejam dispostos a serem seus companheiros, que flertam discretamente, mas que saibam manter uma distância. É uma questão de equilíbrio. Não podem haver homens brutos entre os seus acompanhantes, porque, a verdade é que os homens podem se tornar perigosos quando pressionados. Portanto, os flertes com esse acompanhante devem ser extremamente sutis e jamais podem tornar-se físicos. E não fique com ciúmes quando eles saírem com outras mulheres. É um direito deles, afina, eles são apenas seus amigos.

Resistência = Atrito = Calor

Mas são os amigos que lhe proporcionam um tipo de contrapeso no mundo dos homens. Esse contrapeso oferece resistência suficiente para que você caia nos braços de um cavalheiro desejável. De certo modo, sair com um cara de seu círculo é como sair com um irmão mais velho protetor como acompanhante. Essa terceira roda — o olho observador — representa simplesmente um desafio suficiente para intrigar o verdadeiro objeto de afeição. Ele precisa dar mais duro para monopolizá-la, ficar a sós com você. O contrapeso diminui a marcha do processo de sedução. E é isso que você quer. O cara que a corteja talvez se queixe de quase nunca encontrá-la sozinha, mas isso causará o atrito necessário de que você precisa para criar calor de verdade. Claro, haverá vezes em que ele conseguirá vê-la a sós, mas se você for vigilante no início de uma atração, vai dar-lhe a sensação de uma rara oportunidade. Se estiver numa festa com o círculo, não deixe de se separar e sair sozinha com alguma desculpa — pegar uma bebida, ir ao toalete, ver o que está acontecendo no terraço ou conversar com algumas amigas. Movimentos e mistério são o segredo. Sem dúvida, você pode e deve flertar com os caras, e seu círculo depois oferecer a resistência tão necessária quando um homem específico tentar monopolizar seu tempo. Não tema que o fato de ter outros caras em volta vá desencorajar um homem. Nada como um séquito para fazer o homem sentir a compulsão de avançar. E não esqueça a história de *Cad: Confessions of a Toxic Bachelor*. Ilene conquistou e manteve as atenções do cafajeste porque vivia cercada de amigos. Além disso, um ajudante protetor desaprovava o conquistador, fazia-o passar maus bocados quando telefonava e servia de guardião nos portões do covil da patroa. O que só o deixava mais intrigado.

Mesmo que você seja casada ou tenha namorado, mantenha esse senso de resistência. É quando um círculo se torna realmente útil. As atenções do marido às vezes esmorecem porque ele sente que "a tem" e agora tudo está sob controle. Os namorados podem se chatear com a coleira da monogamia e começar a perder a concentração. Formar um círculo não tem nada a ver com ser infiel, e sim com sair para o mundo e cultivar amizades — não apenas com as garotas da aula de ioga ou do clube do livro, mas também com homens interessantes. Montes de homens interessantes, que podem servir de barreiras na estrada.

Você precisa criar barreiras suficientes para reduzir a marcha de seu homem. Diminua a *marcha* dele para passar a conhecê-lo, e assim poder ficar sua amiga e ver como ele realmente é, e, sim, investigar todas as ex-mulheres com quem ele ainda dorme e as namoradas escondidas. É fácil obrigar um cara a reduzir a marcha quando você já está aparentemente envolvida — e ao mesmo tempo talvez não. Uma das principais funções do círculo é criar um tipo de ambigüidade em relação à sua disponibilidade. Essa confusão quanto a você ter ou não namorado lhe dá uma fantástica barreira na estrada. Com ela, você cria resistência que, combinada com o avanço dele para conhecê-la, estabelece atrito e calor vigorosos. Quando você incentiva, mas não se dispõe a sucumbir à mentalidade de sexo fast-food, torna-se mais interessante. Ele tem de esperar. A tensão cresce. Há poder nisso: produzem-se vapor e energia suficientes para iluminar toda a orla marítima.

Tudo bem, talvez seja um exagero. Mas você captou a idéia. E não são apenas os homens que vicejam nesse tipo de avanço combinado com resistência. Nós também precisamos disso. Cria uma sensação de vivacidade sexual, mesmo se formos casadas, e a resistência, ilusória. A verdade é que os casados perdem muito do calor da sexualidade porque tudo é extremamente disponível. A gente apenas se deita na cama, apaga as luzes e vira-se para o outro lado. "Ei, você vem sempre aqui?" "Bem, na verdade, eu durmo nesta cama, lembra?"

O segredo é começar o romance fora do quarto. E não se apresse. Saia, vá aos lugares onde estão os homens (e mulheres interessantes e cheias de vida), e se for casada, saiam juntos. É crucial que seu marido a veja bem vestida, no mundo, cercada por outras mulheres e, principalmente, por homens atentos. E se ele notar e conversar com outras mulheres — ótimo. Um pequeno e inocente flerte acrescenta algum vento às velas dele, e desde que ele leve esse desejo para casa e para você, tudo bem. Então, saia. É importante que ele a veja fazendo qualquer coisa muito bem, assim fica sabendo que você é uma força no mundo. Sim, ele sabe que no fim do dia você vai para casa com ele, mas também deve sentir-se privilegiado por isso, imaginando, ao vê-la a certa distância, o que seria se não a tivesse "fisgado".

Salve o mundo de mais um *one man show**, munido apenas do microfone, sem personagem, fantasia ou acessórios

Casado ou solteiro, o homem inteiramente saciado não é diversão para se ter por perto. Eles perdem a concentração. Passam a pensar em coisas como placar de beisebol e notícias do mercado de valores. Sentem de repente uma vontade irresistível de fazer uma tentativa de humorista no *One Man Show*. E, pode crer, vamos ter que evitar isso a todo custo. Seja tentadora e deliciosa, mas não faça mais que estimular o apetite dele e depois oferecer resistência. Isso o deixará muito faminto e atento. Não quero dizer que o prazer do sexo diminui com o tempo. Na verdade, a maioria dos casais casados lhe dirá que são necessários anos para conhecerem os corpos um do outro, e que o sexo fica cada vez melhor com o passar do tempo. Segundo Stephen A. Mitchell, o maior perigo no amor conjugal é que

---

* Show em que apenas o comediante aparece. (*N. da T.*)

esse mesmo conhecimento, essa proximidade, essa profunda ligação também pode afastar os casais. A chave para manter o sexo vivo está no equilíbrio desse conhecimento com uma dose estável de aventura, do desconhecido, do inesperado. O primeiro passo é fazer o parceiro vê-la com novos olhos. Deixe-o saber pelas ações — em vez das palavras — que ainda não a descobriu completamente. Você continua sendo um mistério. Continua sendo um quebra-cabeça, e ele vai precisar do resto da vida para conhecê-la inteira, e, mesmo assim, nunca será totalmente bem-sucedido. Como? Recue. Vista-se bem e saia. Faça-o vê-la pelos olhos de outros homens. Faça-o tornar a se concentrar no que você é agora, porque tem mudado diariamente, e ele nunca a poderá tomar como certa.

Arrume-se bem, saia, flerte, forme um círculo de homens, ofereça resistência ao objeto de seu verdadeiro desejo não sendo totalmente disponível, mas mesmo assim sendo simpática e jogando charme — tudo isso talvez pareça uma terrível carga de trabalho. Mas pense na alternativa. Vemos o interesse de nosso homem debilitado, o que nos deixa mal-humoradas. Ficamos constrangidas demais para dizer: "Ei, preste atenção em mim! Pode me amar! Cortejar! Conquistar! Pode me elogiar pelo penteado/vestido/sapatos/seios/pernas/inteligência! Venha me abraçar! Beijar! Seja carinhoso! Compre um presentinho para mim! Pode me seduzir muitas, muitas vezes! E me leve a Cancun!" Então, o que fazemos em vez disso? Tomamos um porre daqueles, o envergonhamos na frente de seus colegas e das respectivas esposas, acabamos com ele, e por fim o acusamos de assassinar o filho imaginário que jamais tivemos de fato.

Tudo bem, perdão. Isso é de *Quem tem medo de Virginia Woolf?*. Mas você entendeu a idéia. Queremos atenção e vamos à luta para obtê-la. Eu sugiro uma coisa muito mais prazerosa: vista-se bem, saia e flerte. Isso não tem nada a ver com deixar seu homem com ciúme, mas criar distância suficiente para que ele a veja em exibição com novos olhos. Isso cria resistência — porque ele não pode saltar sobre você no meio de um grupo. Induz atrito sexual e produz energia. Energia sexual. E isso é bom.

Mantenha distância

De que outro jeito você cria resistência? Bem, nunca se transforme na mãe dele. Nunca fique tão envolvida na vida e no trabalho dele que ele não tenha mais de impressioná-la por sentir que você faz parte da família. Permaneça um pouco separada. Tenha vida própria, interesses próprios e paixões próprias. (E, pelo amor de Deus, nunca use bonés de beisebol iguais aos dele!)

Você deve continuar a elogiar e flertar com seu homem (como ensina John Gray: "Mostre admiração"). O principal é os dois permanecerem separados e resistirem a entrar em colapso um com o outro. Você é mulher e ele, homem. As diferenças tornam tudo interessante e picante. Se os dois se tornam um par de vasos, bem, então talvez seja melhor fazerem sexo consigo mesmos. Portanto, cultivem certo distanciamento e as diferenças — isso torna a sedução interessante —, seja a primeira ou a 57ª milionésima vez.

Ora, de vez em quando um membro de seu séquito talvez se torne difícil e comece a pressioná-la para que se torne íntima. Se isso acontecer, você precisa afastá-lo. E se ele continuar a lhe causar problemas, distancie-se completamente. Você não precisa de um problema em seu círculo. Ele talvez reclame, mas a maioria das pessoas não a culpará pelos "ressentimentos" dele, porque a verdade é que nós, mulheres, somos vistas como inofensivas em essência (o que, claro, sabemos ser ridículo). Mas as pessoas tendem a achar que o ato último de consumação sexual é a arena masculina, porque... bem, porque ele tem o pênis e o pênis faz toda a penetração. E como somos feitas anatomicamente mais para receber do que para penetrar, nossos flertes são considerados inteiramente inócuos. Vêem-nos como gatinhas perdidas no mato ou coelhinhas inocentes, quando se trata de homens em busca. Veja o filme *Swingers — Curtindo a noite* para ter um exemplo cinematográfico disso. Ninguém vai achar que somos realmente muito perigosas, desde que mantenhamos nosso flerte sutil e sem insinuações sexuais.

Não podemos ser acusadas nem de sermos egoístas ou ladras de cena se limitarmos o flerte a apenas sorrir e fazer perguntas simpáticas ao homem. Estamos sendo simplesmente interessadas. Não tem nada de errado nisso.

Agora, se você vem saindo com um cara há algum tempo, talvez tenha dificuldade para fazê-lo esperar e mantê-lo a alguma distância. Ele na certa a vem pressionando por algum tipo de intimidade. Como fazê-lo esperar, mas mantê-lo intrigado? Não o veja mais do que uma vez por semana. Não fique disponível todos os fins de semana. Recuse alguns convites. Seja misteriosa. Não o deixe ouvir sua secretária eletrônica nem ler seus e-mails. É aí que *As Regras* dão certo.

Não o receba em casa até estar bem e pronta. Os homens não admitem, mas assim que você os deixa entrar em sua casa, eles acham que vão conseguir alguma coisa.

Gypsy Rose Lee sabia das coisas

Imagine sua vida como um grande striptease. Primeiro ele começa a sair apenas com você, *sem* séquito. Depois, vocês vão a uma festa no centro da cidade com um bando de colegas de trabalho. Quando chega o verão, vão nadar juntos na praia e ele começa a vê-la de maiô. Mais tarde, conhece seus pais, vê a casa onde você foi criada e comemora o Dia de Ação de Graças com sua família. Ouve a história de que aos 12 anos você perdeu o irmão caçula num acidente de barco e a reconforta. Vocês conversam ao telefone no meio da noite porque têm insônia e descobrem que os dois adoravam a revista *Mad* quando crianças. Juntos, descobrem as alegrias do chocolate derretido com sorvete de framboesa. Você conhece a mãe dele. Descobre que ele ganhou o troféu no torneio de tênis. Um dia vão os dois passeando até os fundos da antiga escola primária dele e brincam no balanço como se tivessem nove anos, e ali se beijam. Duas semanas depois, fazem amor numa chuvosa terça-feira de novembro que você jamais esquecerá enquanto viver.

É épico.

E leva tempo.

Talvez a gente possa culpar o cinema por nos convencer de que o amor ocorre em 24 quadros por segundo e tudo acaba após 120 minutos. Mas, você sabe, sua vida é um pouco mais longa. Portanto, resista à mentalidade de troca de canais e não se apresse.

Nos primeiros estágios de um romance, você não quer se tornar exclusiva, ficar firme, nem "se amarrar". E não há motivo para isso, principalmente se você resistir à intimidade. Então, saia com várias pessoas durante o máximo de tempo possível. Deve ser fácil, se você já formou um séquito. Agora, isso não significa que você tenha de ver os membros individuais do círculo toda semana, e sim manter algum tipo de contato com cada um deles o tempo todo. Pode ser um simples e-mail, um telefonema ou um cartão-postal, ou, sim, vê-los de fato. A chave do malabarismo com três a cinco homens ao mesmo tempo é manter a coisa leve e arejada. De fato, não deixe sequer transparecer que pensa nesses homens como namorados potenciais, mas em vez disso trate-os como amigos platônicos. Vá em frente e flerte, mas nunca revele que eles têm qualquer chance real com você. Seja simplesmente charmosa e intrigante. A verdade é que talvez eles não tenham qualquer chance.

Namoro à antiga

Tudo isso parece cruel? Manipulador? Mesquinho? Não mesmo. Era o que as mulheres faziam antigamente, antes do namoro de oportunidades iguais. Não faz muito tempo, conheci uma mulher elegante no Darien Country Club. Na faixa dos setenta anos — alta, esguia, atlética, reluzentes cabelos prateados. Quando entrou na sala, as cabeças se viraram. Depois, sentou-se ao meu lado e me contou histórias sobre como se fazia a corte na década de 1940, quando ela tinha vinte e poucos anos. Toda noite era um encontro com um novo homem. Eles chegavam à porta com flores, chocolates e todo tipo de presentinhos. Depois a levavam para uma noitada fabulosa no centro. Para terminar, no fim da noite, estacionavam o carro conversível numa alameda banhada de luar, cortejavam-na e faziam galanteios. Ela disse que saía e fazia a mesma coisa na noite seguinte, e na seguinte, com outros homens. E adorava. Vinha sendo galanteada e lisonjeada. Colecionava presentes e a casa ficava cheia de flores. Tudo bem, talvez ela própria fosse um pouco frustrada em termos sexuais, mas acho que foi um preço pequeno a pagar para não ficar amarrada a um homem que a "imobilizasse". Era livre. Mantinha tudo leve, delicioso e vivo. E após um ou dois anos desse vendaval de paixões, casou-se, e ainda continuava casada com o mesmo cavalheiro.

Talvez reprovemos essa forma retrógrada de namoro, porque muitas de nós se habituaram à idéia de dez ou até vinte anos como solteiras da pesada, saindo com toneladas de rapazes, tendo montes de sexo e de experiências interessantes. E imaginamos que os homens não vão pagar para nos conquistar e jantar fora, a não ser que obtenham de qualquer modo alguma coisa.

A deflação de nossa moeda sexual

Será que esse sistema funcionou mesmo para nós? Após vinte anos de "relacionamentos" (palavra mais simples e cínica que já ouvi!), olhamos em volta e dizemos: "Tudo bem, estou pronta para sossegar agora!" Mas sabe de uma coisa? Dificilmente há incentivos para os homens sossegarem — quer dizer, por Deus, ainda há tantas gatinhas aí fora a conquistar —, e assim eles se vêem saindo com mulheres cada vez mais jovens, que não os pressionam sobre um "futuro" juntos. Enquanto isso, as mulheres mais velhas acordam um dia e se perguntam que diabo aconteceu! Eis o que aconteceu: declaramos que queríamos tanto sexo quanto os homens, e assim lhes demos sexo em troca de um jantar e talvez um espetáculo, às vezes menos do que isso. Mas, realmente, o que há de tão diferente em lhes dar sexo em troca de casamento? Não muita coisa, só que nosso sexo foi drasticamente desvalorizado. E, por favor, não se esquive à idéia de a sexualidade feminina ser uma mercadoria. Quase todo produto que compramos é vendido pela manipulação da sexualidade feminina. Se você beber essa cerveja, vai arranjar gatinhas. Se comprar esse carro, vai arranjar gatinhas. Se fizer o curso *Como Ser Um milionário*, vai arranjar gatas. Ligue a MTV e veja como a música é vendida. Ah, e um mamilo exposto na TV a cabo leva a uma multa de meio milhão de dólares.

É verdade que muitas de nós chegam à maioridade numa era que promove completa honestidade e comunicação. Ensinaram-nos que se formos diretas e simplesmente dissermos aos homens o que precisamos e desejamos, eles serão acessíveis. Mas, infelizmente, os homens não têm jogado limpo. E se por acaso você estiver jogando limpo, sendo honesta, franca e direta sobre suas necessidades e desejos, na certa é uma mulher solteira de quarenta e poucos anos, jogada para escanteio, balançando a cabeça quando os homens da mesma idade namoram e se casam com as de 28 anos, embora só venha sendo convidada para sair por caras com pêlos nas orelhas. Talvez até esteja se perguntando — se um cara de quarenta anos pode se casar com uma garota de 28, por que você não pode se casar com alguém vinte anos mais novo? Na verdade, pode ter sexo com os mais jovens. Muitos caras na faixa dos vinte anos põem anúncios nos classificados de "mulheres mais velhas que entendam mesmo seus corpos, porque as da minha idade simplesmente não entendem minhas necessidades". (Acredita que eu realmente encontrei um anúncio na parte de trás da revista *New York*?) É isso mesmo. A verdade é que provavelmente você poderia fazer um tórrido sexo com um jovem. Basta não esperar vê-lo por perto durante a transmissão a cabo da maratona de encontro de casais.

Colette avisou

E a verdade é que, quando os mais jovens vão atrás das mais velhas, isso muitas vezes se deve ao fato de eles não quererem a pressão de um verdadeiro relacionamento. Estão a fim apenas de sexo por um dia, como Cheri nos romances de Colette *Cheri*, *O trigo* e *O fim de Cheri*: o rapaz abandona a mulher mais velha para se casar com alguém que a mãe aprova — provavelmente alguém da idade dele, que lhe dará um, dois ou três netos.

Quando se trata do *ménage* de amor, os macacos têm dirigido o zoológico, e, claro, estabeleceram as regras mais vantajosas para eles, não para nós. Significa uma rápida sedução, apressá-la para a cama antes que você saiba o que está acontecendo, e depois bater em acelerada e fácil retirada — na esperança de encerrar tudo como "amigos", para transformá-la de conquista em "opção de reserva". Que tipo de mulher acaba se tornando a opção de reserva? Os autores de *Como se dar bem com as mulheres* explicam: "Podem ser ex-namoradas, mulheres não muito atraentes, as muito mais velhas, as amigas íntimas, as que entendem que a gente não quer relacionamento, ou mulheres casadas."

A feminista esperta não ignora esses fatos. Uma feminista esperta lida com eles. Ela viceja em sua própria sexualidade, para protegê-la e controlar os homens que a querem, em vez de entregar-se como se não valesse mais que o preço de um jantar ou cinema.

Queremos tanto sexo quanto os homens! Sim, mas você não chegará aos extremos extraordinários a que eles chegam para consegui-lo. Não vai contratar acompanhante. Nem pagará cinqüenta dólares por hora às co-pilotos.

O sexo sempre foi grátis e de fácil disponibilidade para nós. Com certeza jamais tivemos de pagar por ele. A verdade é que, se tudo que quiséssemos fosse sexo, poderíamos sair agora e dormir com cinco homens. Para eles, é mais difícil encontrar sexo, e, sim, estão dispostos a pagar para tê-lo — e muitos o fazem.

Os caras ganham mais dinheiro que nós, ocupam cargos mais poderosos que os nossos no governo, nas finanças, nos negócios e nas artes, mas temos essa única coisa que eles precisam mais do que tudo no mundo. Então, por favor, não entregue para eles de bandeja.

Deixe-o esperar sentado

Um fato interessante sobre fazer os homens terem que esperar para transar com você: eles só reclamam quando percebem que nunca vai rolar. E, isto é, porque eles continuam tentando e sempre vão tentar te conquistar pelo resto da vida, até o leito de morte. O que é interessante, se você parar para pensar. Esse é o tipo de homem que vai dar em cima de você quando te reencontrar numa festa vinte anos mais tarde, completamente encantado, e vai provocar ataques de ciúmes e nervosismo no seu marido, namorado ou qualquer um dos 15 homens que estarão te desejando.

E o homem que conseguir te conquistar? Este sempre se sentirá bem em relação à batalha ganha. Ele provavelmente não admitirá, mas, se prestar atenção — muita atenção

— no que ele diz, perceberá que ele está supersatisfeito de ter conquistado o coração de uma mulher que não era fácil. E, quando digo "fácil", não me refiro apenas ao significado simples, mas, sim, de ser fácil de lidar. Uma garota legal, uma parceira que topa tudo. Não há nenhum conflito em ser assim. Não há emoção, atrito, diversão, sem virar a cabeça dele ao contrário e o tirar da sua zona de conforto e mostrar a ele um mundo completamente novo.

Lábios soltos afundam navios

Então, quando você for íntima de um homem, faça todo o possível para proteger sua reputação. Vivemos num mundo pequeno. É uma comunidade global e os homens falam. Há a internet e exibem-se fotos de ex-namoradas nuas o tempo todo. Talvez achemos que o duplo padrão de sexualidade é idiota, antiquado e simplesmente ridículo — você sabe que é normal os homens serem cachorros e dormirem à vontade, mas isso não é legal para as mulheres —, mas no fundo a verdade é que a maioria dos homens ainda pensa assim. Pois é, os homens usam mesmo as mulheres para satisfazer suas necessidades sexuais (com a esperança de que cozinhem e limpem a casa deles), enquanto muitas vezes estão à procura de algo melhor. Trata-se de uma deplorável realidade com que temos de lidar. Portanto, seja cuidadosa em relação ao cara de quem se torna íntima — assegure-se de que não seja um fanfarrão fofoqueiro. Não durma com um homem que vá contar aos amigos que acabou de fazer um gol. Trate de manter tudo o mais discreto possível. O que significa limitar os contatos corporais em público. As inocentes exibições de afeto em público, como dar as mãos, muitas vezes são erroneamente interpretadas. Se um cara é apenas um membro de seu círculo, você com certeza vai precisar manter tudo num clima não físico. Você não quer que as outras pessoas achem que você foi pega, porque embora seja verdade que os homens têm espírito competitivo, desistem de uma garota assim que sabem que ela foi "fisgada". Jamais deixe alguém vê-la como "fisgada". Mesmo casada, esforce-se para ter pelo menos um senso de liberdade espiritual!

E se você está interessada em casamento, não diga uma palavra a respeito disso. Isso afugenta os homens. Eles querem acreditar que as mulheres por quem se sentem atraídos também se sentem atraídas, que prestam atenção neles, e que eles são o centro do universo delas. Se o homem acha por um segundo que é simplesmente um caminho para a última meta do casamento e filhos, corre feito o diabo foge da cruz. Eles não fantasiam sobre casamento e filhos, como algumas de nós. A maioria não fica imaginando o dia do casamento nem sonhando acordada com o nome que darão ao primogênito. Não enfiam travesseiros sob as camisetas para ver como ficarão no nono mês de gravidez, nem encenam a peça: "Entrei em trabalho de parto, querido! Rápido! Vamos para a maternidade!" E com certeza não olham em segredo as noivas da revista *Modern Bride*. Não, eles folheiam as *Maxim, Penthouse, Playboy* e *Esquire*. Lêem artigos sobre como levar mais gatas para a cama. Dê só uma olhada nas revistas masculinas para ouvir um pequeno "alerta". Vai ver que todos só pensam naquilo. Sexo. Sexo. Sexo. Sexo.

Assim que fazem sexo e se sentem saciados, pensam em comida e carros. Depois disso, no trabalho — porque o trabalho gera dinheiro e o dinheiro gera sexo, comida, carros, e assim por diante.

Mas nós pensamos em muito mais. Tendemos a nos concentrar num único homem e em um de cada vez, além de tendermos a nos apaixonar rápido. Não somos grandes realizadoras de múltiplas tarefas no mundo da conquista amorosa. Desaprendemos a antiga arte de fazer malabarismos com vários pretendentes, resistir às astutas tramas deles para ganharem nosso coração e não nos apressarmos ao separar o joio do trigo, os canalhas dos concorrentes. Detesto enfatizar tanto isso, mas a verdade é que há um monte de canalhas por aí: os caras que só dormem conosco para marcar mais um ponto no placar, os que nos seduzem porque colecionam nacionalidades: "Ah, tracei uma lituana desta vez!" Os caras que gostam de se gabar sobre a conquista de uma gata famosa. "Foi muito legal, passei a noite com Martha Stewart! Cara, ela é gostosíssima!" Os homens usam as moças como figurinhas de álbum, sempre à procura da rara e que brilha. Meninas, tomem cuidado.

Eis alguns dos estratagemas que eles usam para nos levar para a cama.

Os Óbvios:

1. Mas só vou ficar na cidade por três noites.
2. Admita, você sabe que quer tanto quanto eu.
3. Aqui, tome mais um drinque!
4. Suba e veja minhas águas-fortes/máquina de fazer café expresso/esculturas africanas talhadas à mão/ mesa de cozinha de fórmica autêntica da década de 1950 /as duas cebolas estragadas que tenho na gaveta inferior da geladeira.
5. Eu amo você! Sei que a gente só se conheceu 45 minutos atrás, mas eu amo você!

Os Brigões:

1. Você não é mais uma criança.
2. Você acha que pode fazer melhor?
3. Eu pensei que você fosse mais independente e louca.

Os Moderninhos:

1. Você ainda escuta The Strokes? É uma banda tão simpática! Meu irmãozinho também adora!
2. Vamos para o meu quarto ouvir meu novo disco de Elliott Smith. É isso mesmo, eu sou muito legal, tenho um toca-discos de excelente qualidade. Para mim, só vinil!

Os Poetas:

1. Bem, eu acabei de vir de um almoço com Yusef. Yusef! Você não conhece Yusef?
2. É verdade, a Associação de Estudos de Poe vai dar uma festinha para mim. Você gostaria de ficar no meio de uma multidão de trezentas pessoas e ver como me admiram?

Os Intelectuais:

1. Bem, a melhor obra de Orson Welles foi na verdade *Os magníficos Ambersons*, não *Cidadão Kane*. Dãã!
2. Aliás, você por acaso viu meu exemplar de Kant?
3. Quer jogar xadrez? Ah, não, não sou muito bom de jeito nenhum — e pisca os olhos.

Os Cheios da Grana:

1. Opa, acabei de deixar cair uma nota de cem dólares embaixo de sua cadeira!
2. E aí, quer sair comigo esta tarde e me ver comprar uma mansão?

Os Mestres Zen:

1. A neve caindo nas montanhas/nós fazendo amor na cama/eu parto ao amanhecer.
2. É natural. Até os cachorros fazem.

Por que os homens perdem tempo com todos esses truques? Por que dão cambalhotas, contam mentiras, surgem com esquemas loucos, tentam nos impressionar e intimidar? Para nos ter na cama! Sabem que não é fácil, e, verdade seja dita, também se sentem intimidados por você.

Bem-vinda ao reino mágico

Porque você tem o que os produtores de Hollywood chamam de Elixir Mágico. Isso mesmo, você — Mulher — guarda o segredo da vida e da morte. É a Chave de Ouro, o Cálice Mágico, o Pote de Ouro, os Sapatinhos Vermelhos. É por isso que eles recorrem a esforços extraordinários para conquistá-la, tê-la, e "provar" seu Elixir Mágico. É também por isso que logo se mandam. Para eles, é atordoante e difícil ficar conosco por muito tempo. A intimidade os faz lembrar do lugar de onde vieram, os percalços iniciais de vida, o desamparo neste mundo e até a mortalidade deles.

Além disso, a mãe é uma mulher!

Camille Paglia diz que os homossexuais são mais evoluídos que os heterossexuais porque se afastaram da mãe. Mas eu vejo de outro modo. Penso nos heterossexuais como os mais ousados dos dois grupos. Para ser íntimo de uma mulher, o heterossexual precisa afastar todas as idéias de deslizar de volta à maternidade para fazer amor. Precisa preparar-se e afugentar os medos edipianos, para poder retornar ao que Joseph Campbell chama de "mais secreta caverna". Tem de inculcar na mente a idéia de que a mulher com quem está é apenas uma mulher — não a Mulher. Não é a mãe dele. E precisa afastar a idéia de que na verdade anseia por ser engolido, querer morrer dentro dela, e talvez até renascer. Precisa equilibrar tudo isso no cérebro, para conseguir alcançar o orgasmo e retornar com o Elixir, que ele guarda por um momento fugaz antes de compreender que já desapareceu no ar rarefeito. Não admira que tenham problemas com intimidade! Não surpreendem as ejaculações precoces. Não admira que queiram rastejar para cavernas. Nem que precisem mudar as imagens que fazem de nós, de Virgem Maria para prostituta, de anjo para demônio, de inocente para sedutora — como se o sexo fosse apenas um grande jogo de fliperama.

Mas, sabendo disso — sabendo como guardar o Elixir Mágico, sabendo que você tem todo esse poder —, não se apresse com o amor. Resista um pouco. Assim, dará ao homem o tão necessitado espaço para respirar antes que ele entre em sua caverna mais secreta. Dê-lhe muito tempo, deixe-o escorado para a batalha freudiana, deixe-o ir e vir, mudar de idéia, e mudar de idéia mais uma vez. Deixe-o encontrar aliados e inimigos na grande aventura a que chamam de amor. Quanto mais você esperar, mais emocionante será. Então resista, princesa. Resista.

capítulo oito

Como se entregar com classe

Cavalheiros, liguem os motores

Na década de 1970, espirrou-se um grande volume de tinta no problema da repressão. Mas esse problema talvez não seja, de fato, pior do que o seu contrário. Imagine Portnoy sem problemas. Tudo lhe é revelado e desmistificado na escola. A masturbação é simplesmente natural, Portnoy. É a expressão física de si mesmo. Alivia a tensão, dores de cabeça e enxaquecas... Não há como ser contra. Não há espaço para Portnoy ser Portnoy.

— Katie Rophie, *Last Night in Paradise*
[A última noite no paraíso]

Assim que nos vemos nas agonias da paixão, é muito difícil recuar um passo e garantir uma certa engenhosidade no momento da entrega. Às vezes somos simplesmente colhidas no êxtase do acontecimento. Lá está você tomando drinques refrescantes e discutindo as alegrias das autênticas trufas francesas com o editor de culinária do *New York Times*, quando ele põe com delicadeza a mão na sua coxa, bem, considere-se uma pessoa perdida. Perdeu o apoio — tênue, na melhor das hipóteses — em terra firme e escorrega rápido.

Quando menos espera, ele está no seu apartamento — o lugar que você não arrumou nas últimas duas semanas, com roupas empilhadas por toda parte, vidros de esmalte de cores variadas espalhados na mesa de centro e a geladeira que contém apenas um resto de torta de maçã e meia lata de Coca light.

Tudo bem, exagerei no exemplo, mas deu para pegar a idéia. Não é de modo algum o melhor cenário para a realização de um grande romance.

Por outro lado, apesar de todas as nossas exigências de igualdade de direitos sexuais, a maioria de nós prefere que a nossa primeira vez com um homem tenha sido idéia dele, em vez de algo que acabe acontecendo. Porque precisamos ter certeza de que o homem sente atração suficiente por nós para continuar o avanço, de que não vai recuar no último minuto, deixando-nos abaladas e muito frustradas. Não, em geral testamos o mérito de um homem na cama pela sua disposição de nos perseguir e vencer certos obstáculos para nos fazer entrar no quarto. Também queremos saber se o entusiasmo dele não é morno, que é um cara compreensivo e misericordioso, caso tenhamos algum defeito que só se revela num cenário íntimo. Então, às vezes vamos — consciente ou inconscientemente — fazê-lo passar por alguns testes psicológicos. Não há nada de mal nisso — faz absoluto sentido. Afinal, todas queremos um homem forte, firme e confiante, com muita vitalidade entre os lençóis. Então o submetemos a pequenos testes fora do quarto, para ter certeza de que ele tem o tanque cheio e o motor em excelente condição.

Apesar de todos esses testes, às vezes nos esquecemos de nos preparar para o grande momento (veja o exemplo do apartamento bagunçado). Ou nos preparamos tanto, e de maneira tão óbvia, que não existe sensação alguma de entrega. Camisinhas?! Velas perfumadas?! Balas de menta?! Roupão masculino?! Brinquedos sexuais?! Chicotes e correntes?! Batedores de ovos para o café da manhã?!

A verdade é que podemos planejar nosso momento de entrega, sem sequer fazer parecer que foi idéia nossa, apenas diminuindo a rapidez de tudo. Antigamente, as mulheres tinham várias pessoas para ajudá-las nisso — desde acompanhantes a irmãos mais velhos enxeridos, mães difíceis, pais exigentes e dormitórios que expulsavam os visitantes do sexo masculino às dez em ponto. Hoje, temos de ser mais criativas para manter os homens a distância.

Como encenar uma "entrega"

Há muitas técnicas para fazer isso, porém a mais fácil é a mais direta. Quando estiver com um homem acariciando, aconchegando-se a você, a caminho da porta de casa, beijando-a cheio de paixão, e sentir o leve roçar de quadris, basta dizer: "Não estou pronta. Preciso ir. Acho você maravilhoso. Boa-noite." Não tenha essa conversa dentro de casa. Eu gostaria de repetir — não tenha essa conversa dentro de sua casa, nem da dele. Assim que ele entra num dos dois lugares, você tem uma receita para o desastre, os requisitos para um tipo de confronto sexual que não vai terminar bem. A verdade é que muitas garotas "aceitaram" fazer sexo com um cara por não "concordar" em transformar a situação num confronto físico e num possível estupro. Portanto, não se deixe a sós com ele no apartamento de um dos dois, a não ser que esteja absolutamente preparada para se entregar. Não, essas conversas precisam ocorrer fora de casa.

Vocês, terão outras conversas sobre isso, e ele vai querer saber por que você não está pronta. Vou-lhe dizer por que não — não está pronta porque não sabe se ele é um grosso, um motorista que atropela e foge, um maníaco por sexo rápido, ou um babaca completo, e se assim que dormir com ele vai se ver numa situação de *O médico e o monstro*. Mas não diga nada disso. Diga apenas que não está pronta. Talvez não queira dormir com ninguém. Talvez seja quase virgem. Talvez seja virgem! Talvez não durma com alguém há um bom tempo. Talvez seja apenas muito cautelosa. Talvez, como diz o Sr. Ray Porter em *A balconista*, você tenha aprendido que seu corpo é precioso e não deve ser oferecido sem cuidado, pois mantém uma ligação com o coração. Talvez devêssemos todas admitir que nossos corpos estão ligados a nossos corações, e que o desligamento criou uma epidemia de auto-agressão. Talvez se admitíssemos — como sugere Wendy Shalit no livro *A Return to Modesty* — que não podemos desligar o coração do corpo quando transamos, acabassem os cortes na pele, a anorexia, a bulimia, o exagero na comida e todas as outras coisas que fazemos para anunciar ao mundo: "Meu corpo é vulnerável e eu o agrido."

A verdade é que às vezes essa auto-agressão serve como uma forma de limitar o número de homens dos quais nos tornamos íntimas. Trata-se de um novo tipo de acompanhante/guardiã psíquica que usamos porque algumas de nós acham que têm algo errado se apenas disserem: "Sou sexualmente tímida e simplesmente não consigo dormir com ninguém." É como se nosso corpo, através dessa auto-agressão, dissesse: "Escute, estou um pouco confusa. Tenha cuidado." Isso deixa o cara de sobreaviso — se ele conseguir transpor essa barreira, bem, então talvez vocês possam ficar juntos. E assim, várias de nós criam algumas táticas autodestrutivas para fazer um pretendente reduzir a marcha. Eis alguns exemplos:

Barreiras não muito boas

Vícios

Você se surpreenderia com o número de meninas que usam isso como um pára-choque entre elas mesmas e a intimidade. A insistência em romper um namoro para apostar num cavalo de corrida pode definitivamente amortecer as coisas, mas também se usam vícios menores, como o fumo e o álcool, para criar desafios e distância — mas vale mesmo a pena?

Sou megera

Francamente, várias mulheres usam esta desculpa para acabar com os não concorrentes e impedir os homens de irem rápido demais. Para alguns, isso na verdade é um tesão. Mas, em geral, não é muito agradável — nem para você nem para o homem. "Ééé, então você tem algum problema com isso?"

Sou psicótica

Isso é diferente de ser neurótica, o que na verdade pode ser uma barreira muito charmosa e eficaz. Ser psicótica, contudo, é exagero. Significa tanto que você só sai com caras que acreditam em OVNIs e lêem quadrinhos de *X-Men*, quanto que não consegue comer na frente de outro ser humano, ou tem um debilitante medo de calçadas. Seja o que for, serve para manter os homens a distância — tipo no outro lado do planeta.

Só me interesso pelo meu trabalho

Em certos casos, trata-se de uma barreira bastante eficaz, mas se você vive ocupada e indisponível, sem ter tempo nem para um pouco de flerte, o cara vai sentir-se competindo com o trabalho, e isso não é bom nem para você nem para seu trabalho.

Roupas e hábitos estranhos

Se você não sabe do que eu estou falando, basta ir a uma Semana de Encenação de Papéis e Ação ao Vivo de *Dungeons and Dragons*.

A garota do pedágio

É a que dorme com um cara se ele estiver disposto a gastar uma fortuna com ela. O problema é que ela acaba ficando com os tipos que acham que ela é uma garota de programa.

Aperto de mão secreto

Às vezes criamos certos hábitos e passatempos incomuns, na tentativa de limitar nossos parceiros sexuais disponíveis. "Ei, cara, faço sexo com qualquer um que eu queira, mas *prefiro* só fazer com pessoas que vivem gravando fitas mistas e ouvem Mushi-Mushi, uma banda japonesa obscura da qual só outras cinco pessoas no universo já ouviram falar. Eles vão se apresentar em The Venue no fim de semana — você vai?

Sou inteligente demais para você

Você já a viu — a garota de óculos sem grau lendo Foucault no canto e usando uma camiseta que diz: Só se Aceitam Membros da Sociedade Mensa*.

---

* A maior e mais antiga sociedade que reúne pessoas com os mais elevados quocientes de inteligência do mundo. (*N. da T.*)

A puta com o coração de ouro

Ela anda como puta. Fala como puta. Veste-se como puta. Mas, adivinhe só... trata-se na verdade de um disfarce por ser realmente simpática, amável e muitíssimo inteligente. De fato — surpresa! Tem ph.D. em bioquímica de Harvard. O problema é que a maioria dos homens fica tão fascinada pela ovelha disfarçada de puta que nunca repara na verdadeira pessoa por baixo.

A garota "relógio biológico"

Está é a mulher de quarenta e poucos anos que quer se casar, ficar grávida e ter filhos nos próximos dez minutos. Tudo bem, no próximo ano. Apesar disso, ela não tem tempo livre nem para conhecer um cara e se tornar sua amiga. De qualquer forma, ela não quer o cara. Ela só quer seu esperma. "Sabe, eu trouxe esse pequeno frasco para o nosso encontro, e eu estava imaginando se você poderia apenas ir ao banheiro masculino com esse exemplar da *Playboy* e me trazer uma pequena amostra?"

A pseudo-desapegada

Esta é a moça que anda saindo com um rapaz há meses, dorme com ele e o deixa consumir todo seu tempo livre. Sai com ele com exclusividade e de repente julga necessário fazer um discurso sobre como, na verdade, não quer namorar. Adverte-o para que não se apegue muito a ela e diz que não está realmente, realmente, realmente pronta para o amor. Não seria uma barreira se ela não o visse exclusivamente e não dormisse com ele. Mas a verdade e que ela já está doidinha por ele, e, ah, aliás, se você dorme sempre com um cara, ele na certa é seu namorado.

Regras e regulamentos rígidos

Compramos um livro, certo? E ele nos dá a grande Tábua dos Mandamentos do Namoro, como se Moisés descesse e dissesse: "Não aceitarás sair na noite de sábado após a quarta-feira de uma mesma semana." Se você gosta de regras, volte para o colégio católico. Se quer uma coisa épica, então use a imaginação e crie suas próprias regras.

A distraída

"Sei que sou uma colunista famosa, mas, meu Deus, vivo esquecendo o celular no táxi! Pode repetir mais uma vez seu nome?"

Tudo bem, então essas são as barreiras não muito boas. Algumas parecem realmente, e outras só devem ser usadas se puderem ser moduladas. Porque o conceito de barreiras é realmente muito bom. É só tentar uma menos autodestrutiva. Talvez se pergunte por que, se tem um homem parado diante da porta do apartamento, você não pode simplesmente dizer: "Eu adoraria fazer sexo com você, mas não estou pronta." É tão difícil assim?

Bem, sim, hoje e nesta época, é, porque se presume que seu coração e seu corpo são entidades separadas. Então, precisamos mesmo de muitas ferramentas para fazer os homens reduzirem a marcha.

Eis algumas idéias para começar, mas, em última análise, você deve criar barreiras próprias que combinem com sua personalidade.

Barreiras boas

Você é sensível

Sente tudo profundamente. É emotiva. Chora, depois ri e torna a chorar. O sexo é importante para você. Incrivelmente significativo. Você é apaixonada, e simplesmente incapaz de fazer sexo casual. Porque é complexa. E, sim, sensível. Isto é muito eficaz, porque desafia o homem a ser profundo e significativo também. E com o cara certo, isso vai ativar o instinto de proteção dele.

Mantenha público

Outra maneira de impedir que as coisas decolem é manter os encontros divertidos, leves e fora da arena sexual. Vá a eventos públicos. Pense em trabalharem juntos num projeto que lhes dê um tipo de base e história de interesses mútuos, como servir o jantar de Ação de Graças num abrigo de sem-teto, juntar-se a uma mobilização de levantamento de fundos, ter aulas de francês e dança de salão, e ingressar num clube de bridge. A verdade é que os homens não vão lhe sugerir essas atividades, porque sabem que não são bons acessos à via expressa do sexo. Cabe a você criar desvios e reduções de marcha. E em seu melhor proveito.

Tentando esquecer de alguém

Verdade, você rompeu com George logo após Woodstock, mas, ora, é uma moça sensível. O importante nessa técnica é lançar uma barreira não muito ameaçadora para o rapaz que tenta conquistá-la. Afinal, o rompimento foi há muito tempo, então sua ligação é apenas emocional, além de ser muito pequena a chance de algum dia reatar o relacionamento. Mas isso representa um obstáculo suficiente para usá-lo durante um bom tempo. Afinal, curar uma desilusão amorosa leva tempo. Logo, você pode ser muito, muito simpática com o cara em que está interessada, mas ainda assim mantê-lo fora do quarto por algum tempo.

Você tem montes de amigos

Você gosta de sair em grupo. É muito popular. Ah, e de repente decidiu fazer uma viagem às Bahamas com a amiga Laurie. Simplesmente não está disponível no momento, mas que tal um almoço daqui a três semanas?

Você não está pronta para namorar

Então, diga isso ao rapaz, e imagine que ele responda: "Tudo bem, não quero ser seu namorado. Só quero fazer sexo com você." Bem, você já teve sua resposta. Se ele não está disposto a ser seu namorado, então por que dormir com ele? Realmente! Que cara-de-pau!

Você é inocente

Claro que essa é difícil de colar se você tem 33 anos e já foi casada três vezes, mas mesmo assim não é impossível. Trata-se de uma atitude. Talvez você não seja inocente, mas não é experiente. Leva a sério o namoro e o sexo. Não se entrega facilmente. Significa mesmo alguma coisa para você, porque, afinal, tem o corpo e o coração verdadeiramente ligados.

Quando o momento sempre escapa

Você dá sempre a impressão de ser paqueradora e sensual quando está num lugar público e não exatamente disponível. Depois, sozinha, é meio distante e indiferente. Vai saber.

Mude o visual

Isso tem a ver com ser instável e sempre mudar de idéia. Você pode sinalizar a imprevisibilidade mudando sutilmente o visual, a cor dos cabelos. Os caras muitas vezes ficam meio irritados com isso, porque de repente sentem que estão com uma nova mulher e precisam de algum tempo para se familiarizar e se atualizar para ir em frente. Quase sempre acham que têm de recomeçar mais uma vez todo o processo de sedução. O que é bom para nós.

Você mudou de idéia

Como mulheres, sempre podemos ganhar algum tempo simplesmente mudando de idéia. Os homens esperam que sejamos instáveis e imprevisíveis, então por que a decepção? Temos todo direito de esquentar ou esfriar, e isso de fato é bom, porque nos dá outra opção de barreira. Se o cara está forçando muito a barra, faça-o recuar dizendo que mudou de idéia. Mas é melhor não dizer com todas as letras a um homem que você está indiferente a ele. Em vez disso, mostre-se meio distante, um pouco menos disponível, e recorra ao séquito. Alterne tudo com paparicos e elogios. Ah, e por favor, tente nunca mudar de idéia no calor da paixão. É procurar por problemas. E é por isso que você deve demorar bastante no caminho, para ter certeza de que quer mesmo dormir com o cara.

Diga que gosta de mulher

Tudo bem, admito que é uma técnica ardilosa, e você provavelmente não deve usá-la, a não ser que seja mesmo bissexual. Falo isso porque vi montes de meninas do ensino médio e universitárias (que estavam mesmo explorando sua orientação sexual) usarem uma afirmação assim para conter um cara, e parece muito eficaz. Dê uma olhada no filme *Procura-se Amy* para ter um exemplo.

Fome de amor

Num mundo ideal, todas essas barreiras seriam desnecessárias, mas o problema da Revolução Sexual é que ela nos deixou sem armadura. Verdade, a fim de defender nossos corações e corpos, muitas de nós tornaram-se fortes, mas também um pouco duras ou até frágeis. E, quando acabamos encontrando o verdadeiro amor, tendemos a sucumbir sob seu calor e fulgor nutritivo. Algumas de nós ficam pegajosas, carentes, e querem garantia constante de que são amadas. Mas, no fundo, olhamos nosso homem e buscamos o amor materno. Às vezes, após anos de independência, vitalidade e fortalecimento contra os caprichos do mundo cotidiano e a vida de solteira, nos sentimos como vasos vazios que precisam ser enchidos. E, sim, isso assusta os homens.

Isso se aplica sobretudo às mulheres que têm ou tiveram mães frias ou distantes, criadas sem se sentir verdadeiramente vistas, amadas e emocionalmente nutridas pelo amor maternal. Essas moças crescem com uma profunda fome de amor, calor e toque.

Se a sua situação se encaixa no caso acima, em vez de buscar esse tipo de amor num homem, pense em conseguir sua cota de elogios, garantias e amor materno em outro lugar. Veja em *Sex and the City* como as personagens "agiram como mães" e apoiaram umas às outras. A isso se devem o grande sucesso e popularidade da série televisiva

— o relacionamento de umas com as outras era o plano principal. Elas se apoiavam, rindo, chorando e ajudando-se mutuamente. Esse era o verdadeiro romance da série, e os homens participavam apenas como alívio cômico. Adoramos *Sex and the City* porque mostra de forma autêntica como as mulheres se unem e protegem umas às outras. Pode-se comparar a série *Desperate Housewives* a *Sex and the City*, mas não é a mesma coisa. É revisionismo machista para televisão. As mulheres não sentem um amor verdadeiro umas pelas outras. Brigam, competem por homens e se engalfinham em brigas de gato — uma das fantasias masculinas preferidas. Carrie, Miranda, Samantha e Charlotte, de *Sex and the City*, jamais fariam isso.

Assim, como ter a parcela de amor materno para não se aproximar do quarto faminta por toque e atenção?

* Cultive os relacionamentos femininos.
* Saia para fazer compras.
* Visite sua mãe!
* Faça uma massagem.
* Faça as unhas/depilação facial/corporal.
* Compre sapatos.
* Passe algum tempo numa sauna.
* Faça aula de ioga/dança.
* Pelo menos ligue para sua mãe!

Ponha o rapaz de dieta

Agora, todo esse esforço, estratégias, barreiras, desvios e reduções de marcha talvez lhe pareçam muito trabalho. E a certa altura é possível que você se ouça dizendo: "Droga, eu só quero dar uma rapidinha!" Eu entendo. Mas o negócio é o seguinte: podemos conseguir sexo, não é tão difícil. Mas existe outra coisa que queremos tanto quanto sexo: atenção. E os homens são mais atenciosos quando estão atrás de sexo. Então, precisamos controlar o consumo dele. Sei que isso parece um grande pé no saco, e talvez digamos: "Dá um tempo, eles não podem controlar seu próprio consumo? Não podem apenas ter sexo bastante para se satisfazer, mas não se saciarem o suficiente a ponto de precisarem rastejar cavernas adentro?"

E se você tem quarenta e tantos anos, cinqüenta e poucos ou mais, parte disso vai parecer muito fútil. Você já viveu os últimos trinta anos da Revolução Sexual. Não é uma criança, e resistir agora talvez pareça fechar a porta do curral depois que o boi já fugiu há muito tempo. Mas fique calma, porque o boi está apenas deitado no pasto, engordando. Confie em mim, no final das contas vai valer a pena. De fato, se todas abraçarmos a idéia de resistência, o boi gordo vai voltar apenas para descobrir que a porta está fechada e o curral foi todo redecorado, e é melhor que limpe os pés no capacho antes de entrar.

Comece uma resistência tranqüila.

Espere a chuva.

Ele virá.

Enquanto isso, pratique sua arte.

Defesa da resistência

Há pouco tempo, passei um mês numa ilha ao largo do Maine, com um grupo de artistas plásticos, e presenciei o florescente romance entre uma pintora e um escritor. A pintora — vamos chamá-la de Sally — era especialista em levar os homens à loucura.

Na verdade, ela foi brilhante ao levar um homem em particular à loucura — o escritor. Os dois eram jovens, bonitos, e estavam claramente interessados um no outro. O escritor — vamos chamá-lo de Sam — gravitava em volta de Sally enquanto ela preparava o jantar com um avental muito retrô, mas sexy. Fazia várias observações inteligentes, trazia excelentes CDs para tocar, e em geral se vestia muito bem. Uma noite, entraram numa queda-de-braço e Sally ganhou. Em volta, muitos risos e rubores. Uma tarde, ele fez uma coisa que ninguém mais — nem os mais machões na ilha — ousava fazer: saltou na gélida água do Maine. Sally ficou devidamente impressionada. Depois, ele a surpreendeu fazendo um guisado de cordeiro. Então, na tarde de sexta-feira, quando todos viajamos ao continente, Sally comprou um par de sandálias de salto alto e tiras — totalmente impraticáveis para a ilha, mas maravilhosas para atrair o olhar do seu objeto de desejo. Usou-as na volta de barco à ilha. Mais tarde naquela noite, todo mundo ficou um pouco embriagado com um bom vinho, e quando alguns dos moradores saíram para um passeio à meia-noite na trilha com lanternas, Sally e Sam não se juntaram ao grupo. Na manhã seguinte, ouvimos os rumores. Eles haviam passado horas na água, no barquinho a remo, com Sam cantando músicas e remando ao luar. O amor estava claramente no ar, assim como montes de tensão sexual. Alguma coisa ia acontecer. Sally passou o sábado todo deitada ao sol, de camiseta sem manga, com uma aparência magnífica, olhos fechados, e Sam pairando em volta, fora da visão. A gente imaginava que aquela noite seria a do grande acontecimento.

Mas não. No sábado à noite, ela desapareceu. Tomara sol demais e precisava recolher-se cedo. Sam foi deixado no frio, cheio de saudades e desejo.

Sam tinha sido conquistado. E sabe de uma coisa? Sally preparou tudo — de forma consciente ou não.

Analisemos o que ela fez. Primeiro de tudo, criou uma sensação de contraste entre os dois. Foi sapeca e feminina, mas fez isso com um piscar de olhos e senso de humor. Chegou a usar aquelas sandálias de tiras no gélido ar do Maine. Mas não era nenhuma preguiçosa. Trabalhava com afinco na pintura, era talentosa, e mostrou que podia ser uma jovem normal, até meio moleque, sobretudo quando o derrotou na queda-de-braço (lindamente, eu acrescentaria). Revelou-se uma ótima cozinheira e maravilhosa companhia. O restante de nós talvez tenha achado que o salto de Sam na água foi um ato de insanidade, mas não Sally. Ela estimulou nosso menino. (John Gray ficaria orgulhoso.) Era simpática com todos os moradores da ilha e flertava com todo mundo — mas com tanta sutileza que não se poderia acusá-la de estar dando corda a ninguém. Estava sendo apenas simpática. O maior "exibicionismo" que fez foi no dia em que se banhou ao sol no terraço, de camiseta sem mangas e short. Mas ao ato ousado seguiram-se uma apressada retirada e uma elegante explicação de que se sentia fraca por ter tomado sol demais e que precisava deitar-se no quarto. Desapareceu enquanto Sam continuava ali por perto, nas áreas comuns.

Assim, a determinada altura, quando se poderia esperar um "momento de clímax" entre Sam e Sally, nada aconteceu. Mas o interesse dele não diminuiu. Ao contrário, intensificou-se.

O que a retirada de Sally fez para ela própria? Criou um ar de vulnerabilidade. Não exatamente fraqueza, mas vulnerabilidade. Antes de nos transtornarmos com essa palavra, deixe-me dizer o seguinte: não somos todas vulneráveis mesmo? Para nos apaixonarmos, não precisamos ser vulneráveis, física, espiritual e emocionalmente? Os homens admitem de imediato sua vulnerabilidade às mulheres, mas por algum motivo doido muitas de nós gostam de negar nossa própria vulnerabilidade. Talvez porque seja uma verdade tão irrefutável: somos vulneráveis.

E sabe de uma coisa? Os homens também sabem.

Então, por que esconder e fingir que isso não existe? Use, ao contrário, sua vulnerabilidade natural para reduzir o avanço do processo de sedução e encene um notável momento de "rendição". Não, não rendição total — nunca se render totalmente —, mas uma pequena entrega ajuda muito na construção de um engenhoso romance.

Imagine só: você ficou amiga de um cara maravilhoso. Ele faz parte do séquito. Um colega com privilégios. Ele já a viu em momentos bons e em outros nem tanto. Conquistou-a, cortejou-a, e você o fez esperar um tempo excruciantemente longo. Ele entende por que você não se sentiu pronta para a intimidade imediata, porque você usou uma barreira eficaz — qualquer uma das relacionadas aqui ou uma específica sua. Agora está pronta para consumar o romance (ah, e se você é daquelas que quer esperar até o casamento — nada há de errado nisso —, apenas não deixe de avisar ao rapaz antes).

Sem derrubar a quarta parede

E agora, você quer encenar o grande momento.

Mas não quer que ele saiba disso. Quer que pareça, para ele, que você finalmente não pôde mais resistir aos seus magníficos encantos. Que você não teve muitos amantes. Quer que ele se considere muitíssimo especial. E, se você faz os homens esperarem um tempo torturantemente longo para transar com você, de fato não terá muitos amantes na vida, porque se importa mais com a qualidade que com a quantidade. E ele será realmente especial, porque você não dorme com qualquer bagulho que aparece.

Ah, e toda a discussão sobre aids e doenças sexualmente tranmissíveis que ocorreu muito tempo antes, num momento franco no decorrer de uma amizade (não quando ele está tão excitado que lhe dirá qualquer coisa para chegar à sua calcinha). A essa altura, você conhece o cara. E toma a decisão consciente de se tornar íntima.

Mas, mesmo assim, você deve mantê-lo sob a ilusão de que sucumbiu à paixão dele. Como você vai fazer isso?

Tudo bem, você começa duas ou três semanas antes da grande noite. Começa revelando mais de si mesma. Talvez lhe conte uma triste lembrança de infância. Deixe os beijos demorarem mais que o habitual. Permita um pouco mais de insinuações sexuais nas conversas telefônicas tarde da noite. Em resumo, deixe tudo ficar mais quente. Livre-se das barreiras, mas não sucumba, ainda não. Use esse tempo para ficar pronta. Arrume a casa. Torne-a um lugar sensual (mas nada tão óbvio que ele saiba que você se preparou para a sua chegada). Compre um vestido deslumbrante. Arrume-se. Se fez os preparativos e depois baixou a guarda, uma noite, quando você, por acaso, usar aquele lindo vestido (e a melhor lingerie), ele sairá com você. Você sentirá a energia no ar a noite toda. Se esperou tempo suficiente e conhece mesmo o seu homem, vai reconhecer esse momento carregado de erotismo. Ele vai dar-lhe um beijo de boa-noite e você vai respirar e suspirar profundamente, retribuindo o beijo com muito mais abandono.

E ele saberá. E você saberá. E será delicioso. Você se entregará com classe, talento e encanto, e esse homem será um amante maravilhoso. Por quê? Porque você o fez sentir-se especial. Digno. E porque ele a conhece. E você o conhece.

E se você não é romântica, eis a fórmula básica:

> Avanço dele + sua resistência = luta
>
> Luta + sua amabilidade/flerte = expectativa
>
> Expectativa + luta = tensão/calor crescentes
>
> Tensão/calor crescentes = avanço maior
>
> Avanço maior + tensão/calor = entrega final + sexo incrível

Romance epicurista

Muito bem, talvez seja verdade que a primeira vez que fazemos sexo nem sempre é a melhor. No entanto, ela é importante no estabelecimento dos parâmetros do romance, porque define um estilo desde o início. Se você quiser um caso *fast-food* — em que conhece o cara na quarta, faz sexo no sábado e acaba na segunda —, ótimo. Mas se quiser uma coisa mais substancial, a primeira vez em que se torna íntima deve ser precedida por um grande investimento de tempo e esforço. Sempre nos lembramos da primeira vez que somos íntimas com alguém. Você quer que ele saiba que a conquistou com cérebro e músculos. Que acredite que a arrebatou apenas por ser incrivelmente inteligente, meigo e generoso. Assim, ele saberá que, se parar de ser tudo isso, correrá o risco de perdê-la. Portanto, ensine seu homem desde o início. Ele é um felizardo por ter você. E se parar de ser inteligente, forte, sensato, divertido, brilhante, esperto, meigo e generoso, vai arranjar uma encrenca!

Sério, quando recorremos à melhor parte de um homem, ele nos dá a melhor, mesmo. E você, em troca, lhe oferecerá o melhor. E o sexo não devia ser assim? Cada um de nós dando o melhor de si? Sem pressa? Façamos amor como *gourmands*. Verifique se a temperatura está certa. O forno preaquecido. Os ingredientes frescos. Os sabores combinando. O gosto é algo de fazer a terra tremer. Acredite em mim, tão logo você se entregar ao sexo com classe, jamais retornará ao fast-food.

Terceira parte

Lições avançadas

capítulo nove

A Teoria da Alavanca de Marcha

Todo homem tem uma alavanca de marcha. Ou de manobra, como talvez seja o caso.

> ... quadris, coxas e barrigas macios, arredondados, eram vistos sem dúvida como desejáveis e sensuais até as mulheres conseguirem o direito de votar.
>
> — *The Beauty Mith*, Naomi Wolf

A cada ação corresponde uma reação. É a lei da natureza. Portanto, enquanto criávamos nossas "barreiras", os homens não andavam sentados por aí, coçando a cabeça e se perguntando por que as mulheres são tão difíceis.

De fato, essa não é realmente a verdade. Eles estavam sentados por aí se perguntando por que somos tão danadas de difíceis, sim. Leia os livros deles e os ouvirá se queixando: se as mulheres dizem que querem igualdade, por que diabos não nos abordam primeiro, nos convidam para sair, pagam a conta e nos seduzem? Francamente, é isso o que os homens andam dizendo mesmo. Abanam a cabeça e se perguntam por que as mulheres são tão instáveis. Questionam por que elas dizem uma coisa e depois fazem outra.

E nós também estamos um pouco confusas. Talvez nos perguntemos (sobretudo se entramos na maioridade durante a Revolução Sexual): se queremos sexo do mesmo modo que eles (leia-se: rapidinhas, sexo com estranhas, sexo sem amor, sexo casual e amigas com privilégios), por que tantas de nós recuaram da cena toda? Por que tantas de nós criaram barreiras boas e outras nem tanto? Por que tantas insistem em que o cara nos ligue primeiro, nos convide para sair, planeje o encontro e faça o primeiro avanço sexual?

Vou dizer por quê: porque quando se trata de sexo, queremos coisas diferentes. Sim, somos iguais — mas diferentes. Não queremos apenas fazer sexo (e, acredite em mim, isso vale para muitos homens). Queremos muitíssimo mais. Sim, queremos sexo, mas muitas vezes apenas sob certas circunstâncias. Queremos nos sentir especiais, apreciadas, admiradas, escolhidas, observadas, entendidas, e queremos isso com um senso de estilo, atmosfera, boa iluminação, excelente cenário e esplêndido figurino! Queremos um cara que seja gentil conosco no dia seguinte, que fique por algum tempo, nos paparique um pouco mais, que telefone, que saia conosco várias vezes e diga que nos ama. Por isso erguemos barreiras. E, para algumas de nós, queimadas por vários canalhas, essas barreiras se transformaram em fortalezas virtuais.

A varinha de condão (ou manobra mágica)

E, sim, os homens têm feito muito mais do que ficar sentados por aí coçando a cabeça e se perguntando por que as mulheres são tão difíceis. Têm reparado em nossas barreiras e, como reação, criaram suas varinhas de condão. A vara é qualquer coisa que o cara usa para derrubar nossas barreiras e fortalezas, e engrenar tudo na marcha mais rápida. Os comediantes, os humoristas e os caras cujo principal talento é a conversinha de que as gatas criaram uma manobra com sua varinha, mas no fundo é tudo com a mesma finalidade: fazer ruírem todas as barreiras para que a moça se sinta vulnerável, insegura, e depois levá-lo rápido para a cama.

Sem a vara ou manobra dele, o homem está perdido. É uma varinha de adivinhação para o machão da espécie.

Mais do que isso, porém, é a alavanca que tira o motor da primeira marcha e engrena na quarta. Controla a transmissão e modula a força da investida dele — seja devagar, rápida ou em ponto morto. A vara, ou alavanca, é tudo para o homem. Sem ela, ele não pode funcionar neste mundo. É seu bem mais valorizado. Basicamente, é seu falo.

Claro que a gente não vê homens abrindo a calça o tempo todo e anunciando: "Veja, eu tenho uma vara!" Ou tirando a roupa toda, como fez Jackson Pollack no concorrido coquetel de Peggy Guggenheim, e urinando na lareira. Não, em geral os homens tentam resistir à compulsão de se exibir dessa maneira. No entanto, o desejo de fazer algo muito inconveniente que envolva o pênis, está sempre com eles. Mas como a sociedade reprova esse tipo de manifestação, precisam conter-se e encontrar formas alternativas de expressão.

Inventam produtos como sopradores de folha. Controle remoto. O sistema de carro The Club. Os tradicionalistas parecem continuar em volta do churrasco, com um espeto de cabo longo segurando a carne. Os professores gostam de lançar mão do bastão e bater no quadro-negro para frisar uma afirmação importante. Há ainda os jogadores de sinuca e agentes da polícia com tacos e cassetetes, os caras que gostam de fazer caminhadas com bengalas e, claro, os jogadores de beisebol. Olhe em volta. Aonde quer que você vá, encontrará um homem com um pau. Desde os primórdios dos tempos, os homens têm usado paus.

Que tal cutucar um pouco?

A Teoria da Alavanca de Marcha funciona assim: primeiro o homem cutuca para mapear nossos pontos sensíveis. Isso pode relacionar-se com qualquer aspecto de nossa vida, da aparência ao trabalho, passando pela forma como organizamos os livros na estante. Assim que identificam nossos pontos sensíveis, eles retiram o saco de varas e escolhem a mais adequada.

Eis um exemplo: há pouco, uma amiga minha, destacada professora da Universidade de Yale, teve seu primeiro encontro com um jornalista político. Ele foi muito atencioso com ela, mas no meio do jantar perguntou-lhe: "E aí, como é se sentir tão inferior na escala hierárquica de Yale?" Admiro minha amiga por manter a serenidade e não lhe dar um tapa na cara. Que cara-de-pau! Claro, sempre haverá alguém acima da gente nos sistemas hierárquicos da vida. Mas, analisando essa questão mais a fundo, não é interessante o fato de que numa escala hierárquica ela estará acima ou abaixo de outra pessoa? Nunca ao lado, mas sempre acima e abaixo. É assim que os homens vêem o nosso mundo. E o cavalheiro do encontro apenas usava seu bastão para subjugá-la um pouco. O bastão intelectual/carreira. O segundo passo na Teoria da Alavanca de Marcha é o seguinte: ele usa o que julga ser sua força ou pau para bater na cabeça dela. Na maioria, não são tão brutos a ponto de atingir realmente uma mulher, por isso criam métodos alternativos de nos golpear até a submissão. Isso varia do domínio superior deles de uma situação política específica ao conhecimento dos intricados funcionamentos do genoma e à misteriosa capacidade de analisar Kant. A alavanca que o homem usa varia de acordo com a mulher que ele quer seduzir ou subjugar. É óbvio que algumas mulheres são mais fáceis de golpear que outras. As fortes, realizadas, inteligentes, bem-sucedidas, já no auge do poder, tendem a intimidá-los. As sexualmente confiantes podem até oprimi-los, a ponto de eles precisarem fugir ou pegar de novo rapidamente aquela receita de Viagra. De fato, segundo um artigo na seção Estilos do *New York Times*, os homens andam tomando Viagra "não para impotência, mas como garantia contra a ansiedade no desempenho". Cita-se um cavalheiro que toma Viagra, dizendo: "Há uma crescente ansiedade entre os jovens, porque essa geração de mulheres é mais aberta ao erotismo, mais articulada sobre suas próprias necessidades."

Por que os homens batem em retirada

Os coitados dos caras andam ficando assustados mesmo. Não admira que muitos prefiram ficar em casa, grudados no computador ou na TV de tela grande, hipnotizados pelo empolgante fulgor de imagens pornográficas que inundam as salas de estar. Que segurança devem sentir nas salas de bate-papo da Internet, onde podem falar obscenidades sem que se espere desempenho deles. Isso se deve ao fato de termos retirado seus bastões e criado nossos verdadeiros ou metafóricos acessórios, anunciando: "Sou tão sexualmente voraz quanto você, *meu bem*... talvez mais, então se curve!" Desculpe ser tão explícita, mas você entendeu o que eu quis dizer.

Então, apesar de às vezes se comportarem mal, os homens ainda precisam e merecem os paus. E, verdade seja dita, nós gostamos de homens com bons paus.

Conheço uma moça que é vocalista de uma banda de rock. E é de fechar o comércio. Alta, loura, linda e forte. Uma noite, viu-se com outro famoso astro do rock. A sós no apartamento dele, acabaram embolados no chão beijando-se, apaixonados, sussurrando e suspirando. No meio de tudo isso ela sussurrou "Afaste um pouco a perna", porque parecia que estava desconfortável em cima da sua. Uma questão muito prática. Mas ele entendeu errado e julgou tê-la ouvido dizer: "Estou com medo." Bem, ele logo diminuiu o ritmo, tornou-se muito mais atencioso, gentil e amoroso. Interrompeu o avanço e conversou com ela a noite toda. Um fato comovente mesmo. E quando os dois acabaram fazendo amor, muitos dias depois — segundo minha amiga —, foi realmente espetacular. Ele era um homem sensacional — delicado, mas forte. Vigoroso, seguro de si. Um amante fantástico. Tudo isso porque imaginou que ela sentia "medo".

Minha amiga na verdade tropeçou numa brilhante barreirinha. Não, ela não pretendeu dizer: "Estou com medo." Mas que adorável momento para dizê-lo e que bela reação. E sabe o que mais? Não sentimos mesmo um pouco de medo quando dormimos pela primeira com um homem? E, se não, não deveríamos sentir? O sexo com uma nova pessoa não é assustador? Entramos no desconhecido e não temos a mínima idéia de como vai ser exatamente. As pessoas são muito diferentes umas das outras quando se trata de momentos íntimos. Muito mais coisas acompanham nossa sexualidade — desejo, medo, esperança, fantasias infantis, a primeira pessoa por quem sentimos desejo carnal, a maneira como os irmãos nos tratavam, o professor por quem tínhamos uma paixonite, a primeira vez que vimos pornografia, a forma como um momento comum, digamos, a visão de lençóis no varal balançando para a frente e para trás, ondulando na brisa, pode tornar-se profundamente erotizada. Tudo isso e mais entra na composição do mapa de nossa psique sexual. E às vezes é assustador.

Mas eu lhe garanto — será menos assustador se você não se apressar e passar a conhecer o homem primeiro. Se houver alguma história e amizade partilhadas, a entrega tem estilo e graça, e mais que isso — é autêntica. Sim, autêntica — porque quando saltamos logo na cama com um quase estranho (um cara que conhecemos apenas sob os artificiais limites do encontro moderno), não estamos plenamente envolvidas na experiência. É como ficarmos paradas no gélido ar do início de junho às margens do lago no Maine prendendo a respiração, abraçando-se e saltando na água gelada. Parte do cérebro é desligada e retirada da experiência. Quando se trata de sexo, é natural proteger as emoções, refreá-las um pouco, mergulhar meio hesitante, simplesmente porque temos grandes dúvidas e, sim, sentimos medo. Medo pelo coração. Medo pelo corpo.

Esta é a verdade. E, alavanca de marcha ou não, os homens também sentem medo.

O sexo é assustador. E o amor, mais ainda.

Amor maculado

Em *Can Love Last?*, Stephen A. Mitchell explica que o amor não se torna automaticamente rotineiro e chato com o tempo, mas podemos degradá-lo de propósito porque todos ficamos profundamente em conflito pela segurança e pela rotina. Ansiamos por possuir o amante, e no entanto essa mesma posse nos leva a um estado de pânico em que precisamos cair fora e declarar nossa independência. Os homens tentam possuir as mulheres, e as mulheres, possuir os homens. Por fim, ninguém pode possuir ninguém. E esta é a boa notícia. A complexidade e as contradições do amor são as próprias coisas que o mantêm vivo e viável. E, sim, assustador. Isso é bom.

E você deve ficar assustada.

Os homens com certeza têm medo de nós. Conhecem nosso incrível poder sobre eles. Querem desesperadamente nosso sexo, mas sentem que, tão logo se vejam dentro de nós, correm o perigo mortal de ser tragados de volta ao subterrâneo edipiano. Para eles, o sexo é um grande perigo. Por isso tentam com tanta força separar amor de sexo. No brilhante filme de Pedro Almodóvar *Fale com ela*, podemos ver uma rara descrição visual do amor masculino atrelado à sexualidade. Como uma história dentro da história, um homem gordinho apaixona-se por uma bela mulher, mas começa a diminuir de tamanho, ficando cada vez menor à medida que o amor dos dois cresce, até um dia, enfim, ficar tão minúsculo que entra na vagina dela e desaparece para sempre. É o que os homens desejam e temem: entrar em nós e jamais sair.

Ora, sabendo disso, você não acha que eles merecem ter uma alavanca? É o mínimo!

Pense no amigo da estrela do rock. Ela sem querer lhe deu a Alavanca da Força. Não apenas a alavanca da força bruta, embora isso fosse parte do que acontecia, mas a da força emocional. Parecendo dizer "Estou com medo", o fez sentir-se forte e poderoso. E o induziu, conseqüentemente, a reduzir a marcha e tratá-la com grande bondade. Ele foi forte e gentil. Tornou-se protetor. E quando finalmente fizeram amor, havia mais investimento — em tempo e emoção.

Por que não deixar o homem sentir-se forte e poderoso? Por que não lhe dar a alavanca? Deixar o homem sentir-se forte e poderoso não deve diminuir nosso próprio senso de força e poder. Nem dar a impressão de mentira. Deve ser natural. Afinal, você não gosta de ouvir que é linda, sexy, atraente? Os homens gostam de ouvir que são fortes e poderosos, ou sábios e brilhantes, talentosos e aventureiros. Isso não tem nada a ver com mentira, mas com simpatia. Eles gostam de saber que você aprecia o fato de serem diferentes. Eles têm pênis.

É bom encontrar um homem com tesão

Eis um fato divertido: o pênis quer penetrar. Talvez seja por isso que às vezes temos dificuldade em ser simpáticas com os homens, elogiando-os e os fazendo se sentir fortes e poderosos. Talvez tenhamos um pouco de medo do pênis e de seus poderes de penetração, e por isso resistimos em elogiar o "pau" do homem.

Ora, talvez não gostemos de ser penetradas. Talvez achemos a relação sexual um anacronismo numa era em que estamos preocupadas em povoar o planeta. Ou talvez decidamos, escute, eu só tenho orgasmo de estímulo clitoriano direto, então por que preciso de relação sexual?

Mas, apesar de toda a ênfase atual no prazer oral, a maioria de nós quer um homem de pau ereto. Vemos a ereção dele como um sinal de desejo por nós. Mesmo que a nossa satisfação sexual não dependa da ereção, ainda a queremos a fim de nos sentirmos verdadeiramente excitadas. E, afinal, temos uma vagina, e a vagina quer ser penetrada. Não queremos ser penetradas por um panaca morno em conflito com sua própria tendência sexual pensando apenas se é hora de aparar o cavanhaque ou não. Queremos ser penetradas por um homem confiante, forte, firme, cheio de propósito.

Aí está o problema: se quebrarmos a sensacão de confiança do nosso homem, o pênis não vai reagir e o sexo não
vai ser tão delicioso quanto deveria. Precisamos de nossos
homens de paus eretos, mas a ereção não é apenas o pênis
ereto. A ereção é um estado de espírito. É psicológica, emocional e, sim, física.

Tudo tem a ver com poder

Hoje os homens estão verdadeiramente lutando para encontrar a ereção. Tomam Viagra para aumentar a confiança; encontram-se com mulheres pela internet e têm ficadas
insignificantes de uma noite. E alguns sentem tanto medo
de mulheres da mesma idade e tão realizadas quanto eles
que encontram refúgio em parceiras vinte anos mais jovens. Ao contrário do que dizem a você, eles não vão atrás
das mais novas porque elas são mais férteis. Se fosse o caso,
então se sentiriam atraídos por mulheres carnudas com
grandes quadris de procriação. E as engravidariam! Mas
não, nossos homens de paus abalados vão atrás de mulheres mais jovens porque elas não os intimidam. Têm menos
experiência, menos dinheiro, menos poder. Portanto, nosso homem mais velho tem mais experiência, mais dinheiro,
mais poder — e um pau grande! Isso os faz se sentirem
maravilhosos. Essas jovens erguem os olhos para os mais
velhos, apreciam o dinheiro deles e até ouvem sua palestra
sobre a história do rock-and-roll, como se Mick Jagger
houvesse estreado apenas ontem.

Claro, as mais jovens são atraentes e ajudam a elevar
o status dos homens com outros homens. Eles precisam
desesperadamente da aprovação dos pares. A esposa-tro-

féu e a ninfeta podem com certeza promover o status do homem, mas isso nada tem a ver com juventude, porque a mulher famosa, a linda mulher mais velha e a muito rica também elevam o status do homem. Mesmo assim, a mais jovem levanta o pau deles como nenhuma outra mulher em volta, porque faz sentirem-se espertos, bem-sucedidos e, sim, superiores.

E por que as jovens se sentem atraídas pelos homens mais velhos? Trata-se de mais que um complexo de pai, porque se fosse o caso, ela poderia ir atrás de qualquer homem mais velho, porém o mais velho em geral é um homem com dinheiro. Ela procura o homem mais velho que cuide dela, lhe faça apresentações, contatos e a ajude na carreira. Em geral, não ganhamos tanto dinheiro quanto os homens, e corremos o risco de uma substancial perda de renda quando nos casarmos, tivermos filhos e precisarmos tirar licença-maternidade. Os homens sabem disso tão bem quanto nós, e também que o dinheiro é uma grande fonte do poder deles. Vão queixar-se de que as mulheres só os querem por causa do dinheiro, mas também sabem que isso é um incrível bastão para eles. Talvez seja por isso que alguns homens de mente retrógrada tentem nos impedir de receber tanto quanto eles pelo mesmo trabalho. Sabem que se trata de outra forma de desfazer o poder masculino. E para os homens mais velhos, cuja proeza sexual pode estar minguando, o dinheiro e sua força no mundo tornam-se supremos.

Também por isso eles têm medo de se envolver com mulheres de sua própria idade. As de quarenta a cinqüenta e poucos anos descobriram o senso de direito sexual. Estão mais sintonizadas com seus desejos e necessidades. Menos preocupadas com gravidez e mais preocupadas com sexo. E êxtase. Fazem exigências. Têm uma história erótica que levou anos para evoluir, e talvez isso assuste nosso homem. A mais jovem tem menos história; é mais maleável e mais uma tábula rasa. Pode ser moldada, ou assim pensa o homem, e isso, acima de tudo, o faz sentir-se poderoso e ereto — se não em termos literais, pelo menos metaforicamente.

A simplicidade da Teoria da Alavanca de Marcha é de fato uma boa notícia para as mulheres. Pense só: os homens precisam sentir-se poderosos, respeitados, realizados e admirados. Precisam de uma alavanca. É tão terrível isso? Porque não podemos simplesmente dar umas piscadinhas, soltar um suspiro de menina e dizer ao nosso homem que ele é muito poderoso? A verdade é que achamos isso assustador, hipócrita. Por quê? Porque lutamos um longo e árduo tempo pela igualdade, e parece puro e simples retrocesso recuar o relógio em décadas de trabalho duro, olhar nossos homens e dizer: "Ah, seu grande, forte e bonito pedaço de homem! Sou tão insignificante e uma idiota total comparada a você! Por favor, me diga o que fazer. Devo pôr o sapato esquerdo no pé direito e o direito no esquerdo? Ou o contrário?"

O apelo da modelo de lingerie

Não, não podemos fazer isso. Então nos sentamos à parte e balançamos a cabeça, enquanto nossos homens babam olhando o catálogo da Victoria Secret. Que poder têm essas meninas sobre eles? Por que são consideradas lindas?

Bem, acima de tudo, a modelo da Victoria Secret não fala!

Vive de roupa de baixo, como por acaso flagrada de penhoar. Nunca mostra tudo, e assim permanece com um leve ar inocente. Afinal, ainda há ganchos a serem desenganchados e tiras a serem desamarradas. Ela é como todas as mulheres, pensa o homem: quer que ele compre coisas novas para ela, mas não um computador, um carro ou um apartamento novo. Quer apenas mais lingerie e outras bugigangas deliciosas como aquelas! Não está preocupada com o aluguel do mês seguinte. Não quer discutir a situação do plano de saúde. Não está na cama, nua, exigindo satisfação — baixe aqui e me faça gozar, já!

E ela não é disponível. Eu gostaria de repetir: ela não é disponível.

É um belo presente de Natal, todo embrulhado, brilhante e novo, à espera de ser desembrulhado pelo homem certo, que lhe diga, faça ou compre a coisa certa. E o mais importante de tudo: ela é uma foto numa revista.

Não tem história.

Não tem uma pia cheia de pratos sujos.

O ex-namorado não está na cadeia.

E talvez isso explique por que a coitada da moça entrou em feliz delírio, dando pulos para mostrar a roupa de baixo numa praia!

Você sacou a idéia. Ela é muito bonita, parece disponível, mas na verdade é uma tábula rasa completamente inatingível. Uma fantasia. Nunca se cansa. Nunca exige nada. E estará sempre ali, nas páginas, para o homem. É a mulher ideal! É uma das *mulheres perfeitas*, adoráveis donas-de-casa, esposas obedientes e incansáveis máquinas sexuais do novo milênio.

Ora, talvez você se pergunte como podemos competir com isso.

Como pode até mesmo fazer esta pergunta?!

Claro que não podemos competir com uma foto de revista! Somos mulheres vivas, saudáveis, que respiram, interessantes e complicadas. O motivo de a modelo da Victoria Secret ser tão apelativa é que nossas cobras — quer dizer, nossos homens — foram embaladas na suposição de que podem ter sexo real sempre que quiserem, mas se perguntam se vale a pena todo o trabalho.

Sejamos francas. Esperamos muito dos homens hoje — sobretudo no quarto. Queremos nossos orgasmos! E que falta de sorte do rapaz se isso exige uma hora e meia de pesada lambição. Ao trabalho, companheiro!

Está na hora de ser legal com o pênis mágico

Nossos homens estão exaustos e assustados. Não admira que tenham fugido para as fotos. Mas eis a boa notícia: se reduzirmos a marcha e não formos prontamente disponíveis nem tão exigentes, podemos convencê-los, com conversa, a voltarem. Precisamos mostrar aos homens que queremos e precisamos de seu pênis/pau/poder/alavanca/investida. Dizer-lhes que, apesar de em geral só atingirmos o orgasmo com estímulo clitoriano, ainda honramos o pau.

Porque a verdade é que os homens começaram a se perguntar sobre isso. Começaram a sentir que o pênis é um acessório de uma era passada. Não precisamos deles para orgasmos nem para engravidar. Talvez por isso as imagens de palmadas no traseiro tenham saltado da arena pornográfica e brotado de toda a grande mídia — desde folhetos de moda a seriados cômicos. Já pensou que talvez a mão espalmada sobre a bunda seja o novo pênis? Pelo menos aí o nosso homem ainda pode exercer algum poder.

Mas é triste, não é? E não é muito bom para nós. Quer dizer, nossos traseiros andam ficando doloridos. E você não está cansada por todos esses artigos no traseiro serem os novos seios?

Vamos fazer nossos homens tornarem a se concentrar. Dar-lhes de volta os bastões.

Viva a vulnerabilidade

Eis como se faz. Primeiro, criamos "barreiras" para reduzir a marcha dos homens. Agora precisamos criar "vulnerabilidade" para mantê-los inventando formas de avançar apesar das barreiras. Embora a barreira crie a tensão e o atrito tão necessários para excitá-lo, o homem também precisa saber que, com esforço, há um caminho onde a resistência será enfim abandonada e ele terá êxito em sua investida.

Não vamos nos tornar as mulheres perfeitas nem as estrelas pornográficas sem necessidades sexuais próprias só para fazer nossos homens se sentirem confiantes o bastante e avançar. Nem começar a falar e agir como se tivéssemos 23 anos (a não ser que você tenha mesmo 23 anos, claro). Mas com um pouco de conhecimento da psique masculina, podemos ajudá-los a levantar o pau e mostrar um pouco de vulnerabilidade. Podemos fazê-los reduzir a marcha, relaxar e tornar a se concentrar nas mulheres reais, porque elas não são tão assustadoras, predatórias e exigentes, afinal. Sim, as mulheres reais são fortes, orgulhosas, brilhantes, independentes e poderosas. Mas se um cara passa a nos conhecer, também percebe que na verdade temos nossas fraquezas. E isso nos torna vulneráveis.

A chave para atrair a atenção do homem é revelar nossa vulnerabilidade de maneira hábil e sedutora. O segredo é a habilidade.

Há várias formas de vulnerabilidade. Ser apenas "inocente" pode ser uma vulnerabilidade. Por exemplo, imagine uma viagem à Itália sem saber a língua, mas conhecendo o arquiteto italiano. Embora ele também não saiba sua língua, a atração é palpável. Por que o tempo que vocês passaram juntos foi tão admiravelmente romântico? Porque, sem a orientação de lugar e língua, você ficou reduzida quase a uma criança. O arquiteto italiano estava no controle. E se você consumou ou não a aventura, houve inegável tensão erótica. E fez seu homem sentir-se homem.

Por isso os norte-americanos são loucos por estrangeiras. Por isso vão atrás das louras burras, das mais jovens e da moça de cultura, raça ou religião diferente. Essas meninas entram no mundo do homem (ou pelo menos é assim que se interpreta) e ele se torna o poderoso, o forte, o onisciente, o onipresente mestre do universo dela.

Ora, isso é um grande pau!

O poder da alameda particular

Não estou sugerindo que você aja como burra ou mais jovem do que é, nem simule um sotaque estrangeiro, nem finja que é de uma cultura diferente a fim de fazer o homem sentir que tem pau. Mas pense numa forma de criar vulnerabilidade como uma pista privada, para que suas barreiras não pareçam impossíveis de transpor.

Eis a diferença entre barreira e alameda particular. A barreira detém o homem. Você não quer, porém, detê-lo completamente. Quer que ele saiba que, nas circunstâncias certas, você talvez seja mais receptiva do que uma simples amizade. Mesmo assim, ainda precisa de algumas placas de Entrada Proibida para criar um senso de exclusividade. Isso é diferente de barreira. Com certeza, não é uma estrada aberta nem uma cabine de pedágio. A alameda particular é para a mulher que tem gostos seletivos. Ela cria algum tipo de barreira quando a estrada se estreita. É difícil entrar numa alameda particular, mas não impossível. Talvez você precise de uma senha. Na certa, tem de conhecer os amigos e a família da moça. Às vezes tem até um grande portão e um guarda.

A finalidade da criação de uma "alameda particular", então, é parecer — apesar das barreiras — acessível. Vulnerável até a entrada. É isso que tanto atrai nas alamedas particulares. E não me refiro a esses desprezíveis condomínios fechados, onde quase nos pedem um relatório de crédito e exame de urina para podermos entrar. Falo das elegantes alamedas particulares que encontramos em cidades litorâneas. Vê-se uma tabuleta onde se lê: "Proibida a Entrada." O acesso só é permitido a residentes ou convidados. A estrada estreita-se e às vezes há uma pequena cabine, mas em geral não tem ninguém na cabine, e, bem, a gente pode entrar nessa estrada. Mas é algo arriscado. O segredo está na combinação de acessibilidade e exclusividade. Portanto, erga barreiras, sim, mas crie também a sensação de que na verdade você é vulnerável à penetração. Parece que estou falando de sexo? Bem, ótimo. Porque estou mesmo.

Eis um fato — os homens têm uma alavanca de marcha ou uma tática de manobra. Têm um pênis, mas esse pênis não pode e não vai penetrar numa coisa totalmente fechada com tábuas. É preciso sentir que há potencial para o sucesso. Ao mesmo tempo, a vara precisa de certa resistência para fazê-la ficar estimulada. O pênis tem muito pouco interesse em penetrar numa rodovia de oito pistas. Não há atrito. O pênis quer penetrar numa alameda particular.

Estilos de vida das ricas e famosas

As mulheres verdadeiramente poderosas já sabem disso. Pergunte a uma mulher muito famosa ou rica, e ela lhe dirá que criou estratégias para fazer os homens não se sentirem muito intimidados com o poder dela. A mulher de status estratosférico sabe que precisa dar ao homem algum tipo de alavanca para que ele se sinta poderoso o bastante e penetrá-la — física, psíquica e emocionalmente. Essas mulheres poderosas muitas vezes cultivam vulnerabilidades — talvez uma excentricidade ou uma grande neurose, que as torne ligeiramente infantis e aparentemente vulneráveis. Algumas vulnerabilidades são muito ruins. Por exemplo, simular um fetiche de móveis chiques surrados. Vestir-se como se fosse mais nova, e tornar-se anoréxica. Muitas tingem os cabelos de um tom de louro que só as crianças têm. Começam a falar com uma inflexão de voz artificial, e algumas se mudam para Nantucket e passam a usar insígnias animais infantis na roupa — pôneis, cachorros pretos e coisas assim.

Mas o conceito da vulnerabilidade continua sendo bom, porque pode ser usado por todas as mulheres para contrabalançar seu poder e criar um ar de penetrabilidade, apesar de também terem muitas barreiras. Portanto, quando criar as barreiras, crie as vulnerabilidades. Eis alguns arquétipos.

A chave é descobrir com qual você se sente mais à vontade e depois modulá-lo para sua própria personalidade e necessidades. São muito importantes a sutileza e a moderação.

A Inocente

Essa vulnerabilidade funciona bem para as mais jovens e mais velhas. Enquanto as jovens podem autenticamente exibir uma encantadora ingenuidade, as mulheres mais velhas que andam fora da cena de encontros também podem criar um ar de inocência. A gente vê a Inocente em toda parte — geralmente carregando um caderninho fofo e com rabos-de-cavalo. Gosta do visual de aluna de colégio católico, que, quando feito com sutileza, serve ao mesmo tempo de barreira e vulnerabilidade.

A Rebelde

Se você gosta de ser travessa, beber demais de vez em quando, usar calça jeans e quebrar as regras, esta talvez lhe atraia. É eficaz sobretudo com homens que têm um bastão acadêmico/disciplinar.

A Virgem

Não tome isso ao pé da letra. A Virgem pode ser qualquer uma que pareça sexualmente reprimida. Você sabe, a bibliotecária com a blusa abotoada até em cima, que usa óculos grossos e coque no cabelo, precisando apenas de uma cutucada para cair em ondas.

A Cerebral

É uma vulnerabilidade fantástica para as mulheres que pensam demais. Os homens adoram o desafio de trazer a Cerebral de volta a prazeres mais materiais.

A Profissional

É parente da Cerebral. Também trabalha demais e não tem contato com sua sexualidade. Vários homens acham muito emocionante o desafio de conhecer esse tipo de moça de natureza sensual.

A Andrógina

Antigamente era chamada de machinho. A atração desta é que de certa forma é virgem. Ainda não descobriu o que significa ser uma verdadeira mulher. Muitos homens gostam de imaginar que vão despertá-la para sua essência feminina.

La Bohéme

É a das alergias, sempre caindo de cama com gripe. Meio infantil, tende a ter distúrbio alimentar. Atrai os homens que gostam de socorrer e proteger.

A Artista Morta de Fome

Sem dinheiro. Quebrada. Artística. Dá certo principalmente com homens cheios de dinheiro. Mas ela não liga para dinheiro, só para a arte! Essa óbvia falta de bom senso leva alguns homens ao delírio.

A Não Muito Inteligente

Basta pensar em Marilyn Monroe, Judy Holiday, Gracie Allen. Eram inteligentes, mas encenavam um certo tipo de vulnerabilidade intelectual que enlouquecia os homens.

A Loura

As louras divertem mais; a loura burra; a loura arrasa-quarteirão. Todas mitos. Mas os homens as vêem assim

— tingiram os cabelos de louro para lhes enviar um sinal secreto de que são quentes.

A Estrangeira

Basta viajar que você verá como esta funciona magnificamente. Se não puder viajar para algum lugar além-mar, tente apenas ir aonde o sotaque seja claramente diferente do seu. Perca-se. Peça orientações. Seu cartão de dança logo será preenchido.

A Mulher Mais Velha

A-há! Boas notícias para a *femme d'un certain âge*. Apesar do que a mídia vive nos dizendo, ser mais velha às vezes é muito atraente. E pode-se usar isso como barreira *e* vulnerabilidade. Da próxima vez que um cara mais jovem der em cima de você, diga-lhe: "Ah, tenho idade para ser sua mãe." Ele logo vai lhe dizer a idade que tem e que isso não é verdade — você tem a idade certa para ele. E os homens mais velhos gostam da Mulher Mais Velha porque ela pode lhes dar a chance de reintroduzir o sexo e despertar de novo a sexualidade dela. Mais uma vez, pense no tipo bibliotecário.

Agora que você já levantou o pau do homem com barreiras e vulnerabilidades, a pergunta é como fazer esse pau continuar sentindo-se como pau. Como fazê-lo voltar mesmo que já esteja satisfeito? O segredo é erguer constantes barreiras conjugadas com vulnerabilidades. De fato, as moças inteligentes criam a combinação barreiras/vulnerabilidades para que o sexo nunca se torne fácil, regular ou rotineiro. Deve ser sempre surpreendente, desafiador e interessante. Você é o brilhante peixe azul no riacho, fulgindo contra a luz e depois desaparecendo atrás de uma pedra. É sempre um esporte. Excitante. Difícil. Surpreendente. E, sim, hipnotizante. A barreira/vulnerabilidade bem orquestrada impedirá sempre que a tomem como certa.

Romanceando o pau

Após algum tempo, você também vai querer entender que tipo de pau seu homem específico empunha. Trata-se da chave para levantar o pau e mantê-lo a distância. Eis uma seleção de paus típicos:

* Proeza/força física: "Ah, você é tão forte. Pode abrir este vidro de tomates?"
* Cerebral: "Ah, você é tão inteligente. Pode me explicar mais uma vez a mecânica quântica?"
* Dinheiro: "Ah, você é tão rico. Poderia comprar este livro sobre a natureza do universo para mim?"
* Talento: "Adorei o jeito como você cantou aquela música. Foi realmente brilhante! Quem dera se eu soubesse cantar assim!"
* Sexo: "Uau, você com certeza sabe várias posições diferentes. Não sei se estou mesmo pronta para pôr isso aí. Parece perigoso, não acha?"

Às vezes os homens nem sequer sabem que estão usando o pau e podem nos machucar sem ter a intenção consciente. Mas, se sabemos que o homem tenta nos "penetrar" (emocional, depois fisicamente) com o pau, podemos relaxar um pouco e não ficar tão transtornadas. Na verdade, podemos brincar com o pau. Voltemos à professora de Yale. O cara com quem ela saiu perguntou como é sentir-se tão inferior na escala hierárquica. Ele claramente usava o pau para fazê-la sentir-se insignificante a seu lado. Em vez de se aborrecer com a óbvia estratégia para atingi-la, ela poderia usar esta informação (ah, ele tem um Pau Carreirista!) e então elogiar o trabalho dele, para que ele parasse de afundá-la metaforicamente e tentar fazê-la chorar.

Por que ter esse problema? Porque, se o homem descobrir que um de seus paus não funciona, vai continuar cutucando em busca de vulnerabilidades, até atingir um nervo. Recentemente, uma amiga minha me falou do amigo/amante. Esse cavalheiro muitas vezes tentava impressioná-la com as realizações da carreira, mas minha amiga não ficou nada impressionada. Então, outro dia, ele telefonou para lhe dizer que estava muito ocupado entrevistando estagiárias e gostaria que o sexo oral fizesse parte da descrição do trabalho (ah-ah ah-ah, muito engraçado — não!). Esse tipo de provocação na verdade era muito atípico do cara. A piada atingiu em cheio minha amiga, e ela ficou aborrecida e transtornada. Ele descobrira a vulnerabilidade dela. Mas não teria sido melhor se ela apenas o houvesse deixado brandir o Pau Carreirista dele em primeiro lugar, para não precisar afundar em táticas tão baixas assim: "Não vai ficar com ciúmes agora?"

Por isso, devemos ensinar aos homens que certos paus não vão levá-los a lugar algum. Podemos fazer isso lhes dando Paus Carreiristas, de Força, Intelectuais e Sexuais. Basta tomar cuidado com os Paus de Jogo Psicopático e logo desarmá-los não reagindo. Os Paus de Jogo Psicopático incluem tentar deixar-nos com ciúme, criticar nossa aparência, nosso peso, o modo como organizamos nosso dinheiro, ou nunca nos comparando com as modelos da Victoria Secret. (A não ser que diga que somos iguais a uma.)

Embora você possa sentir que foi conquistada pelo pau, continue sempre sendo espiritualmente, se não literalmente, independente. Essa independência será sempre despertada pelo pau do homem, porque ele logo vai perceber que, embora lhe tenha dado, em termos metafóricos, uma porrada na cabeça com o grande pau, na verdade não a conquistou. Portanto, precisa retornar repetidas vezes. É assim que funciona a Teoria da Alavanca de Marcha. Deixe-o achar que está correndo disparado em quarta na alameda particular, mas depois jogue alguns quebra-molas no caminho para fazê-lo reduzir para primeira e dar um pouco mais de duro, concentrar-se um pouco mais.

Assim, o homem continua voltando. Sente que há uma atividade inacabada. E você não fica óbvia nem totalmente temerosa do pau dele. Ele não a conquistou inteiramente. Por isso é que você precisa de um séquito, flertar com todo mundo, resistir e não ceder, a não ser com engenhosidade.

Pense em todos os filmes de Katherine Hepburn-Spencer Tracy. Eis onde você verá a fantasia masculina arquetípica. Em *A mulher do dia*, nosso herói sente que sua autoridade está sendo comprometida pela mulher-advogada. Então, Tracy enfrenta a mulher forte/nervosa/excêntrica/difícil/reprimida e tenta "dobrar" Katherine usando a força/poder intelectual/poder psicológico/poder sexual. No fim do filme, nossa heroína se tornou suave, maleável, vulnerável e receptiva. Trata-se de um exemplo extremo, e claro que não queremos esse tipo de jogo e drama de poder em nossas vidas. Mas queremos mesmo o pau. Quando a mulher entra na luta com o homem e vence, talvez pense: "Ah, eu realmente o intimidei!" Sim, ele pode ter vencido a batalha, mas perdeu a guerra, porque assim que a ilusão do pau poderoso é varrida, o sexo está arruinado. O homem precisa do pau, e isso significa desistir de uma briga ou lisonjear o cara — bem, não é um pequeno preço a pagar para garantir um sexo excelente?

Que tem de tão notável no pau do homem? Por que devemos satisfazê-lo?

Muito simples: ele tem um e você não. É isso que torna tudo excitante. Ele tem pênis! Você tem vagina. Notícia de última hora: os homens e as mulheres são diferentes!

Estranhos na noite

Então, por que não usar essa informação para ter o amor que você merece? Como? Jogue com suas diferenças, o mistério, a inescrutabilidade, o desconhecido. Mantenha o homem alerta sendo imprevisível, tipicamente feminina (não importa o que isso significa para você, mas garanta que signifique ser diferente de seu homem). Aja assim para que, mesmo depois de estarem juntos anos e anos, ele sinta que nunca a conquistou ou dominou completamente. Os homens acham que somos um pouco frívolas, dadas a excessos. Acham que somos temperamentais, tagarelas e perdulárias, que somos capazes de nos distrair facilmente com objetos brilhantes. Acham que somos impressionáveis e facilmente seduzidas.

Ora, nossa natureza feminista empaca em tudo isso. Mas pense por um instante nas vantagens que podemos extrair de todas essas suposições masculinas. As feministas inteligentes não perdem tempo tentando convencer os homens de seus tolos preconceitos. Elas jogam engenhosamente com essas suposições para conseguir o que querem

— dentro e fora do quarto. Sim. Elas podem confessar ou não, mas as profissionais com alto poder usam esses truques quando servem a seus propósitos.

Assim, além de honrar o pau do homem, reforce as diferenças. Mantenha distanciamento, mesmo que seja apenas no sentido psíquico. Guarde alguns segredos. Não importa quanto tempo você esteve com um homem, continue sendo você mesma.

O amor é opressivo. Muda a vida. Impede-nos de terminar nosso trabalho. Os amantes esquecem de comer, beber, sair da cama. Não retornam telefonemas. Tomam veneno e morrem um nos braços do outro.

Tanto êxtase! Não admira que queiramos ridicularizá-lo. Que queiramos diluir seu poder separando sexo de amor. Que o tornemos pornográfico. Que nos esforcemos para lhe retirar todo o mistério.

Mas não caia nessa! Ponha o mistério de volta no amor. Esqueça a comunicação franca e o diálogo aberto. Basta elogiar o pau. Erga uma barreira na alameda particular, que o homem virá.

Ah, êxtase.

capítulo dez

Enturme-se, ceda e vá com cuidado

Como evitar colisões na internet

> Um estudo muito interessante pedia às pessoas que olhassem a foto de um homem e uma mulher, e avaliassem apenas o homem. Acabou-se revelando que, quando a mulher nos braços do homem era bonita, julgavam-no o homem mais inteligente e bem-sucedido do que se ela não tivesse atrativos.
>
> — *Uma história natural dos sentidos*,
> Diane Ackerman

O olhar masculino é poderoso e controlador, e por isso os homens amam a internet. Eis uma pequena história. Muito antes de os serviços de encontros entrarem na moda, muitos homens sentavam-se de bermuda em salas de estar à meia-luz por todos os Estados Unidos baixando pornografia. Essa foi a primeira introdução deles às mulheres e à internet. O anonimato, a falta de conseqüência, a fantasia, a estrela pornô — tudo isso fez a rodovia da informação pegar impulso e acelerar. Os homens tendem a ser menos sociais que as mulheres, envergonhados por seus esmagadores impulsos sexuais e tímidos quando precisam comunicar-se com mulheres de verdade. Portanto, o computador é um delicioso recurso para eles. Podem olhar todas as fotos bonitas, ficar muito interessados e excitados por uma garota de alguma fantasia específica — talvez a de longos cabelos louros, enormes seios de silicone, nádegas arredondadas, boca aberta em biquinho, olhar cheio de promessas. Após algum tempo contemplando isso, ele começa a espumar e logo depois fica exausto. Vai olhar a amiga de seios grandes e de repente ter uma incrível sensação de alívio por, bem, ela não ser real. É uma fantasia. Não vai começar a exigir coisas. Não vai decidir que esse é um ótimo momento para falar de seus problemas para pagar o aluguel, ou que a cunhada acabou de ganhar uma promoção e ela não. Nem vai achar que os dois realmente precisam passar mais tempo juntos e que ele talvez pudesse ir àquela feira de artesanato no sábado. Obaaa! Que incrível alívio para o homem apenas desligar o maldito computador e ir para a cama, sabendo que não tem nenhuma responsabilidade com a garota na tela. Ela não é real. É apenas uma estrela pornô, e esse é o seu trabalho.

Em algum nível, sabemos que isso é o que vem acontecendo. Mas, mesmo assim, não conseguimos entender: por que numa era de tanta liberdade sexual, promiscuidade e vale-tudo, os homens se escondem em suas casas, na penumbra, em frente a uma tela de computador? Por que não estão lá fora, pegando alguém? Talvez você se pergunte como homens reais preferem mulheres falsificadas às reais, sexualmente vivas, prontas e cheias de desejo?

Vou lhe dizer por quê.

As mulheres reais os assustam terrivelmente!

Lamentavelmente, ainda não captamos esse conceito, e em vez disso muitas mulheres decidiram que a única coisa a fazer para chamar a atenção do homem é competir com a estrela pornô. E, assim, temos nos vestido como ela e representado seu papel.

Admita. Você não está farta de calças ridiculamente baixas e barriga de fora? Não anda ficando entediada com todos os peitos e bundas expostos? Não sente uma sensação esmagadora de tédio toda vez que pega uma revista e dá de cara com a Paris Hilton?

Perdoe-me por reclamar

Como foi que todos os buracos sombrios que antes ficavam apenas sob o domínio da pornografia na internet se tornaram a maldita tendência da moda? Quando você menos esperar, vai ver um anúncio da Gap no meio de seu vídeo favorito *School Girls Get a Spanking* [Garotas do colégio levando palmadas]. É o que acontece quando nossa cultura é tomada pelas grandes empresas. Vemos em todo lugar esse aliciamento de nossos desejos, medos secretos, vontades e fantasias privadas. E estamos fartas.

Fartas da pornografia de shoppings excessivos, com os novos produtos brilhantes cujo o conteúdo é atirado e despejado em nossa cara, como a ejaculação durante o sonho erótico de um capitalista.

Cansadas de cafeterias que servem apenas três tamanhos: grande, maior e extremamente grande. Ah, e bem caros, porque eu posso pagar.

E fartas de nossa cultura e arte transformadas em bufês de preço único e antros de fast-food.

Se virmos outro vídeo da MTV apresentando alta costura de prostitutas, bem, talvez apenas voemos pelos ares.

A questão é que vivemos numa cultura de fast-food, e os poderes vigentes usurpam agilmente nossa sexualidade (homem, mulher, gay, heterossexuais e bissexuais), usando-a para vender mais coisas. Mais coisas para os homens (cerveja, carros, bicicletas, fones de ouvido, eletrônicos, computadores, CDs, creme de barbear, peças e CD players) e mais coisas para as mulheres (creme para celulite, cirurgias, pastas de dente clareadoras, roupa, roupa, mais roupa, sapatos, lingerie, produtos para cabelos, refrigerantes com zero caloria, carros e coquetéis).

Fazemos de tudo para nos manter atualizadas. Usamos calcinhas fio dental, clareamos os dentes e usamos sutiãs com enchimento. (Por falar nisso, eles não são apenas uma reivenção do antigo sutiã acolchoado?) Algumas de nós até fazem cirurgias e se vestem como se fossem uma peça de carne de primeira na vitrine do açougue. Veja esse adorável lombo. Ah, e temos uma alcatra fantástica. Que tal esses peitos? São tão macios!

Basicamente, fomos transformadas em estrelas pornôs.

Você não é estrela pornô

Mas esse é o problema. Isso não trouxe os homens para perto de nós. De fato, até os afugentou. Pelo menos os caras legais. Os que querem uma estrela pornô estão sempre por aí — tarde da noite, à espreita nos becos —, apenas para desaparecerem à luz da manhã.

A verdade é que a maioria dos homens não quer acordar em plena luz do dia com cereal e bate-papo com a estrela pornô. Não quer perguntar-lhe se ela leu aquele artigo no *New York Times* sobre os peixes-bois em extinção. O cara não quer olhar a estrela pornô à luz do dia, entre os limpos lençóis brancos e as fotografias do cachorro, Buddy, e da família em Cape no último verão. As estrelas pornôs devem desaparecer numa nuvem de fumaça ao amanhecer. Puuf! Assim. Porque, ai, meu Deus, pense nos germes!

Mas não há germes no escuro. Nem cereais, família ou cachorro fiel, quando o cara está com a estrela pornô. Porque ela não é real. É uma fantasia. E os homens gostam assim. Gostam de uma vez ou outra sair da realidade e ter uma ou duas fantasias. Você não quer fazer isso de vez em quando?

Mas estragamos a fantasia quando também agimos como a estrela pornô. Estamos tornando-a real. E, automaticamente, aumentando a aposta pornô. Pense na provação da coitada da estrela pornô, que agora tem todas essas mulheres comuns competindo com ela — agindo como prostitutas, circulando de calça jeans com os fios dentais despontando na bunda, falando sobre chicotes, correntes e vibradores gigantescos em reuniões da Associação de Pais e Alunos, como se participassem do especial desta semana da cadeia de franquias de alguma sex shop.

E sabe por que os homens vão atrás da "vizinha do lado"? Porque ela não é assustadora! A verdade é que, quando se trata de sexo, os homens têm muito a temer, como:

* Seu pênis é grande o bastante?
* Seu pênis é tão grande quanto o do amigo?
* O que você vai dizer às amigas sobre ele?
* O pênis dele é tão grande quanto o do cara do vídeo pornô?
* Você vai acusá-lo de estupro no dia seguinte?
* Há algum modo seguro de aumentar o tamanho do pênis dele?
* Imagine se ele não conseguir... huum... você sabe... levantá-lo?
* Que tal as bombeadas daquele pênis? Funcionaram mesmo?

É aí que você nota o padrão. Trata-se apenas do tamanho e do vigor do pênis dele. O cara não pode mais manter essa informação oculta a partir do momento que dormir com você. Isso a torna muito intimidadora. As mulheres não se preocupam com o tamanho do útero. Não nos preocupamos com o tamanho de nossa ereção ou se o pênis logo amolece. Podemos simular o orgasmo. (E, sim, muitos homens hoje dizem que também simulam orgasmos — triste, não é?) Para coroar tudo isso, os homens temem que telefonemos às amigas no dia seguinte e relatemos os malditos detalhes. E há sempre a possibilidade de mudarmos de idéia e chamarmos o advogado!

Tudo bem, eu sei que nenhuma de vocês jamais pensou em fazer uma coisa dessas, porque são todas boas. Mas os homens com certeza pensam em tudo isso.

E isso os deixa mortos de medo. Por esse motivo, muitos caras realmente legais se afastaram da arena do namoro. Por esse motivo, muitas garotas que se sentem invisíveis ao lado de estrelas pornôs também se afastaram. Por esse motivo, vários homens produziram estratégias inteiramente novas que impedem as mulheres de se aproximarem muito deles. Eis algumas técnicas que os caras criaram para nos manter a distância:

As regras (para homens)

* Só dormir com mulheres que vêm com tudo, assim há uma negação intrínseca. "Foi você quem me seduziu, meu bem!"
* Só dormir com mulheres que acabaram de conhecer, e depois sumir rápido. "Que bom que ela não conheceu nenhum dos meus amigos ou minha família."
* Só fazer sexo fora da cidade. "Meu nome é Bob. Isso mesmo. Bob. Bob o quê? Bob. Só Bob. Você é o quê? Detetive?"
* Só fazer sexo com brinquedos ou bonecas infláveis. "Nossa, como você é incrivelmente calada, meu bem. Gosto disso numa mulher."

* Só fazer sexo com meninas que conhecem na internet. "Escute, você é a que correspondeu ao meu seu perfil, gatinha!"

Sim, lamentavelmente a internet é uma bênção para os caras que são serpentes. Acima de tudo, todo o trabalho de encontrar, conversar, flertar e conhecer a mulher já foi feito para eles. O perfil dela está na tela. Eles sabem que ela quer conhecer um homem. Sabem o que procura e que botões apertar. Após duas trocas de e-mail, encontram-se para um café. Não é um grande investimento monetário. E vruum... Chegam à via expressa, sem passar por qualquer tipo de barreira, cruzamento, desvio ou radar. Recentemente, uma grande amiga me contou que conheceu um cara em um site de relacionamentos. Saíram e tomaram alguns drinques. No fim da noite, ela ficou meio embriagada (leia-se: barreira/ vulnerabilidade) e "apaixonada". E parece que ele também. Quando se despediram, ele se aproximou dela e disse: "Você quer me beijar, não quer?" Minha amiga é muitíssimo evoluída. Inteligente. Brilhante. Beijou-o de leve nos lábios. Foi um gesto meigo. Divertido, sedutor e espontâneo. E, segundo ela, um excelente beijo. No dia seguinte, o homem em questão enviou-lhe um e-mail, dizendo que "acontecera uma coisa". Parece que voltara com a ex-namorada e não podia mais sair com ela. E foi assim o fim do caso.

Só que não. Não foi isso, porque apenas dois meses depois ela viu o cara de volta à internet, caçando no site de relacionamentos. Imagino que tenha rompido de novo com a namorada. Talvez rompa com freqüência. Talvez faça isso sempre que queira ter uma atividade extracurricular. Talvez simplesmente use os serviços de encontro da internet para inflar um pouco o ego. Embora comprometido num relacionamento, quer saber que, se as circunstâncias permitissem, poderia dormir com outra mulher. Quer assegurar-se de que continua desejável. Não está dormindo com nenhuma dessas meninas que conhece pelos serviços de encontro. Não toma a iniciativa do primeiro beijo. Pergunta-lhes se gostariam de beijá-lo.

É tão terrível assim?

Pesca de arrastão na internet

Digamos que você tenha um relacionamento e as coisas tenham caído um pouco na rotina. As atenções do namorado parecem desviar-se e a sua com certeza já se desviou. Você se pergunta: "Por que ele não nota que cortei o cabelo e o tingi de verde? Será que ficou cego?" E, assim, talvez você se veja olhando em volta e flertando com outros caras que de fato a observam e notam toda a sua infinita variedade de cortes e cores, de mudanças de humor, roupas e sapatos novos.

Não há nada de errado nisso. E imagine que um dos caras corresponda. Convide você para tomar um café, e tudo sob o disfarce de uma amizade platônica. Ele é realmente atencioso, divertido e meigo. Ele praticamente a corteja e você se sente o máximo. O que há de errado nisso? Nada, na verdade. Desde que você não faça nada errado. De fato, há muitas coisas certas nisso. Você se sente feliz e desejável. Tem um novo membro para seu séquito. Você se anima. E talvez leve essa sensação de ser desejável para o amante/marido em casa.

Mas, se ele entra num serviço de encontro da internet, há algo errado. É mentir. É mentir para a parceira/namorada/mulher. E é mentir para o provável encontro da internet. É dizer: "Sou solteiro. Sou disponível. Procuro alguém para um encontro."

Mas é isso que os homens fazem com freqüência na internet. Já estão envolvidos com uma mulher. Às vezes, são casados. Mas querem saber que poderiam ter outra, se realmente quisessem. Por isso, o cara com quem minha amiga saiu perguntou: "Você quer me beijar, não quer?" Isso é de fato muito revelador. Ele não só queria beijá-la como queria saber se era recíproco. Ora, a gente talvez diga — canalha, se tinha namorada, devia ter deixado isso claro desde o início. Mas a verdade é que talvez não tivesse namorada. Talvez só estivesse fazendo algum tipo de comparação. E quisesse apenas sentir-se querido. Mas talvez pensasse: "Por que entrar em algo tão complicado como um verdadeiro relacionamento? Por que não apenas clicar, clicar e arranjar um encontro na noite de sábado?"

É tão fácil... E por isso a internet é um lugar tão perigoso. Por isso você deve agir com extrema cautela. Digamos que você seja uma garota honesta e franca. Põe sua bela foto e seu perfil: "gosto de caminhar ao pôr-do-sol, e meu livro preferido é *O amor nos tempos do cólera*. Ora, milhões de caras estão vendo você. Caras legais e outros nem tanto. É como ficar no acostamento de uma rodovia de seis pistas com o polegar erguido, pedindo carona e com uma grande placa que diz: "Eu quero um homem!" Pense nisso. Você está fadada a conhecer alguns canalhas. Todo mundo na net acha que tem direito de entrar em contato com você: caras de 80 anos com aparência de 40 — verdade! —, caras que colocam fotos sem camisa, que posam nas fotos com as namoradas ("Pronta para um *ménage a trois*, meu bem?"), homens que não sabem concordar o sujeito com o verbo ("Procuro mulher que gostam de pores-do-sol") e caras que aparecem nas fotos com grandes chapéus roxos de plumas porque simplesmente adoram o mago Merlin e todas as magias!

Querida, você não pode entrar nessa.

Talvez todos precisem apenas de umas boas palmadas

Ah, e eis aqui mais uma. Recentemente, surgiu uma nova tendência: rapazes na faixa dos vinte anos, que mal acabaram de sair de casa e da faculdade, se inscrevem nesses serviços de encontro. Mas a armadilha é que, na verdade, não querem conhecer ninguém da mesma idade. Procuram mulheres na faixa dos trinta a quarenta anos e depois lhes perguntam se podem ser seus escravos. Verdade. Esses jovens querem ir até o seu apartamento e limpá-lo, enquanto você circula de biquíni preto, salto alto e berra com eles por serem maus. "Muito, muito maus! E perversos! E maus!"

Acho que sentem falta da mãe.

Mas na verdade o buraco é mais embaixo.

Sentem falta de algo que os coloque em seu lugar. De que lhe digam que são perversos. Do ferrão da desaprovação feminina. Sentem falta de saber que não existe essa coisa de bom e mau.

Ora, isso significa que devemos todas recorrer aos nossos trajes de estrela pornô e usar os equipamentos de dominadoras?

Não. Não. Não.

Tudo bem, apesar de todas essas advertências, você ainda quer se aventurar na rodovia da internet e precisa saber como fazê-lo sem ser atropelada. Antes de mais nada, exponha uma imensa pilha de barreiras. Coloque uma foto simpática, mas não sensual. O mesmo vale para o perfil. Espere um longo tempo para se encontrar com o cara. Converse algumas vezes com ele primeiro ao telefone. Certifique-se de que tudo se mantenha inteiramente amistoso e não sexual. Isso vai desencorajar um bom número de homens e os que só querem uma rapidinha irão embora. Ótimo. Quando conhecer o cara, assegure-se de que seja para um café, e mais uma vez seja simpática e não sexual. Se você se interessar por ele, então erga a barreira que escolheu — qualquer uma citada no capítulo 8. Essa combinação de menina simpática e amistosa, que simplesmente não está pronta para se envolver, vai separar as sementes boas das ruins. Se você gostar mesmo do cara, acrescente-o ao seu círculo. Mesmo que realmente, realmente, realmente o adore, ele precisa esperar um longuíssimo tempo. Porque você precisa apagar do cérebro dele qualquer idéia de que o procurava e precisava dele. Ele tem de acreditar que não a conquistou e, portanto, engatar novamente a primeira marcha e começar uma nova e criativa conquista. Isso leva tempo. Ele precisa esquecer que a conheceu na internet. Precisa pensar em você como muito mais que a foto e o perfil num site de relacionamentos. Precisa passar a conhecê-la como amiga. A única forma de fazer isso é preencher o primeiro encontro com uma história de experiências comuns. Convide-o para sair com seus amigos. Apresente-o à sua família. Mostre-lhe que você é real. Não uma fantasia, nem uma estrela pornô. Por que se dar todo esse trabalho? Porque os homens associam a internet à realização de fantasias sexuais e você precisa fazer tudo o que estiver a seu alcance para que ele a veja como alguém real, importante.

Então, sim, você pode conhecer alguém por um site de relacionamentos, mas tão logo decida que gosta dele, afaste-o da rodovia para uma estrada secundária cheia de tráfego, barreiras e muitas complicações.

capítulo onze

Diversão com Freud

Como manter o motor dele funcionando?

> Queremos uma dama na rua, mas uma louca na cama.
>
> — Usher

O erotismo é um conduto. Um túnel mágico que leva a um milhão de outros sonhos e lembranças, pensamentos e desejos secretos. É profundo e ilimitado. O amor é confuso e complicado. O sexo faz parte da confusão. E precisamos da confusão. Ela é o que causa o frio na barriga e é tão poderosa que precisamos de barreiras e complicações. Queremos ceder, mas também resistir. Queremos ser admiradas, amadas e elogiadas, mas também punidas e, por fim, perdoadas. Queremos que nos desejem e fiquem obcecados por nós, e também nos deixem em paz. E queremos nos juntar ao amante com soluços, risadas e palavras secretas sussurradas. E, ah, sim, não queremos nada menos que reencarnação — ressurgir como a noiva virgem após uma noite de devassidão, novinha em folha aos olhos do amante. Inocente e infantil.

Gloria Steinem fez um discurso alguns anos atrás, na cidade de Nova York, em que descrevia sua vida de recém-casada. Em um ponto da apresentação, dirigiu-se às mulheres na platéia e sugeriu que todas tentássemos descobrir o erotismo de qualidade.

Em princípio parece muito bom, não? Muito meticuloso. Mas se você examinar as palavras com atenção — erotismo de qualidade —, bem, parece igual a outra daquelas contradições, como "sexo casual". E não parece extremamente exaustiva a própria idéia de igualdade? Na verdade, terrivelmente chata?

Isso porque o erotismo nunca foi uma coisa que a gente pode pesar numa balança. O que achamos erótico vem da desigualdade de relações filho/pai, de dominação, poder, submissão. Nossas tendências sexuais emergem e assumem a forma de nossas fantasias e traumas infantis, nossas lições de adolescentes, nossos pontos fracos da maturidade. Vêm de nossos encontros secretos, nossas ligações proibidas, dos crimes que cometemos e dos cometidos contra nós. Na mistura, jogue ciúme, vingança, Deus, religião, mãe, pai, o verão no acampamento, o cavalo, o professor de biologia do sétimo ano, aquele famoso astro do cinema, a bagagem perdida, a viagem a Londres, o menino de orelhas grandes do terceiro ano, a noite em que você beijou Cynthia Beetlestein, a água fria da piscina da casa do vizinho e a sensação naquele início de manhã antes de todo mundo acordar e que você saiu nas pontas dos pés de casa, de camisola, para atravessar o gramado molhado e achar a água de um doloroso tom de azul-turquesa.

De onde vem tudo isso?

Da infância, principalmente.

Palavras de sabedoria do estimado psicoterapeuta Adam Phillips

Pense só. Nosso primeiro objeto de amor é a mãe. Acreditamos que ela é só nossa e então, um dia, percebemos que isso não é de modo algum verdade. De fato, ela sai com freqüência e vê outra pessoa — esse homem! Para a menina, a reação à "infidelidade" é competir com a mãe e tentar desviar a atenção do pai para si mesma. Daí ansiarmos por atenção, mais do que por qualquer outra coisa. Mais do que por elogios, amor, castigo ou prazer. Queremos ser vistas. Vistas como diferentes das mães, mas também semelhantes. E muitas vezes o mundo nos responde: "Ah, que menina bonita! Ah, olha que vestido bonito! Que lindos cabelos você tem! E covinhas também! Você é tão bonita! Menina bonita, bonita!"

Os meninos têm uma experiência diferente. Logo percebem que a "infidelidade" da mãe é com outro homem, como ele, mas diferente. O outro homem é maior, mais forte e mais poderoso. Faz coisas. Chega e sai. Carrega objetos grandes e pisa forte pela casa com uma furadeira e um alicate. Não fica sentado, pensando na vida, enquanto o menino suga seu peito. Não, ele anda para todos os lados, em grande atividade e movimento. E, assim, o menino compete com o pai para desviar a atenção da mãe dessa versão maior de si mesmo. Também ele depois se torna ativo, ocupado, batendo blocos e construindo torres, lançando bolas e marchando em volta da casa com um chapéu de jornal na cabeça, com um ar muito oficial, declarando que é o rei de seu reino. E, assim, é elogiado por tudo que faz.

Portanto, em última análise, é isto o que os homens querem: elogios.

E é isto o que as mulheres querem: atenção.

E, sim, apesar de todas essas diferenças, temos muito em comum. Queremos ao mesmo tempo a mãe e o pai, segurança e aventura, confinamento e liberdade, casa e viagem. É assim que o homem sente o complexo mãe/prostituta de Freud. E sentimos algo que vou chamar de Complexo Rhett/Ashley — com base em *E o vento levou...* —, isto é, um homem duro, forte, poderoso e externo (pai), e outro suave, seguro e interno (mãe). *O morro dos ventos uivantes* tem Linton, que é ligado a todas as coisas interiores — segurança, aconchego, vida civilizada — e Heathcliff, que vaga pelas charnecas agrestes da Escócia, além de ser perigoso e imprevisível. Você encontrará esse paradigma masculino externo/interno em toda a ficção e filmografia populares, e se examinar seu próprio coração, descobrirá que também quer os dois — o rapaz durão da motocicleta e o cavalheiro de terno.

E como isso atua em nossos relacionamentos? Bem, desejamos aventura e também voltar para casa. Desejamos fugir com o cara de jaqueta de couro na Harley e depois, um dia, sugerir que ele precisa vestir um terno e arranjar um emprego "de verdade". Queremos um homem que seja ao mesmo tempo mãe e pai para nós. Ao mesmo tempo seguro e perigoso. Muitas vezes escolhemos um, e logo depois ficamos insatisfeitas e fantasiamos com outro. Acabamos, espera-se, encontrando as duas partes integradas num único homem e encontramos a felicidade. Com freqüência, jamais encontramos. (Aliás, por isso um séquito e flertes leves são essenciais durante toda a vida — porque ninguém jamais conseguirá satisfazer todas as nossas necessidades.)

O mesmo se aplica aos homens, a não ser que notem já cedo não serem iguais às mães. A anatomia é diferente, o que cria todo tipo de complicações extras. Acima de tudo, quando está com uma mulher muito boa, muito íntima, muito confortável, o homem tem medo de que ela vá tragá-lo de volta a um estado infantil ou mesmo fetal. Coisa assustadora. Afinal, a primeira compreensão que a criança tem da vagina é de que é o lugar de onde vêm os bebês, especificamente de onde ela veio. A idéia se fixa na mente da criança muito antes da noção de que a vagina também é um lugar a ser penetrado pelo homem. Para o menino, que não tem vagina, é um lugar de mistério e prodígio, mas também ameaçador, sempre o chamando pelo nome como uma sereia: "Volte para casa, marinheiro."

Por isso os homens se sentem atraídos por mulheres mais jovens, menos poderosas, menos maternais. Jamais se recuperam de todo do fato de a mulher ter tanto poder sobre eles. Sabemos que se preocupam com isso. A mulher insaciável é universalmente temida, e assim, de forma consciente ou inconsciente, nos esforçamos para assegurar nossos homens de que somos apenas meninas, inocentes de verdade, ou vadias, não protetoras nem boas, e que com certeza não vamos assar biscoitos com lascas de chocolate! O importante é nos esforçarmos para convencê-los de que não somos nada parecidas com as mães deles.

É o Chapeuzinho Vermelho

E atualmente, quando as mulheres vêm obviamente dando largos passos nos corredores do poder, não é fácil posar de "menina" desamparada ou "meretriz" intrusa. Assim, oferecemos aos homens uma garantia extra de que não somos na verdade tão ameaçadoras quando fazemos um esforço especial para continuar mocinhas e aparentemente desamparadas (mesmo dirigindo uma grande empresa). Implantamos seios plásticos como os da Barbie. Tingimos o primeiro fio de grisalho nos cabelos e usamos roupas infantis — seja o visual de machinho, de má colegial ou de universitária prostituta. Recusamo-nos a nos vestir como adultas, a não ser que sejamos bastante jovens para fazer isso com enorme dose de ironia. Na busca pela meninice, passamos a depilar os pêlos pubianos como uma forma de dizer: "Veja, não sou nem adolescente! Sou apenas uma criança! Você não precisa ter medo algum de que eu vá engoli-lo e levá-lo de volta para o pântano lamacento do seu estado amorfo original!"

Fazemos tudo isso para contrabalançar nosso poder cada vez maior na vida profissional e financeira, porque em algum nível sabemos que estamos afugentando os homens e nossa vida amorosa tem sofrido com isso.

Mas, apesar de tudo, os homens desejam ao mesmo tempo a mãe e a menina nos relacionamentos. Para ser franca, eles gostam mesmo é de comida caseira. E de alguém que arrume a casa. Isso fere nossa sensibilidade feminista — sabemos que fugirão do maternal assim que engolirem o último biscoito com o resto de leite frio. E muitas de nós decidem que a única coisa a fazer é jamais ser maternal.

Muitas vezes, contudo, o homem instala uma moça maternal em casa e depois começa a se desgarrar. A mulher em casa pode ser linda ou não, brilhante ou não — o importante é que seja confiável. Não ameaçadora. Precisa estar sempre ali. E em geral cozinha, limpa, faz compras e deixa o terno dele na lavanderia. Não é do tipo que vai fugir com o carteiro nem se envolver com o especialista em café no Starbucks. Não é ruim de cama. Talvez também seja boa mãe. É a situação perfeita para o homem que quer o paradigma mãe/prostituta de Freud, porque embora eles sejam escorados pelos confortos do lar, também são sufocados por esses mesmos confortos. E assim nosso homem encontra uma prostituta em outro lugar. Ela tem muitas qualidades, mas em geral não é muito maternal. Freqüentemente é mais nova, alguém com menos poder. É a prostituta e a mãe. A aventura e a ligação perigosa dele. Sua menina e sua protegida. Proporciona o atrito e o sedutor sentimento de que ele está machucando a "mamãe"; sendo desobediente, desleal e simplesmente mau. O que o faz achar que está se vingando da mãe pela traição do seu eu menino com a dedicação ao papai. Mais do que isso, porém, a prostituta/mãe/amante é a única para a qual ele pode correr quando sente seu poder sendo sugado em casa e quando corre perigo de ser engolido pelo maternal.

Meninas da Califórnia

Para os homens que não têm o tipo maternal à espera em casa com um prato quente de sopa, essa prostituta/amante/menina pode servir como a barreira que impede a mulher de entrar em sua vida e afogá-los. Recentemente, uma amiga minha teve um encontro arranjado com um cavalheiro muito rico e bonito do sul da Califórnia. Parecia um par adequado. Os dois eram da mesma idade, quarenta e tantos anos, profissionais liberais, inteligentes e bem-sucedidos. Minha amiga e o cavalheiro estavam se divertindo muito, e então, durante o jantar, ele começou a falar da namorada bissexual do norte da Califórnia. Contou que ela (vinte anos mais jovem) estava num encontro com uma mulher naquela mesma noite. Mais tarde, o homem sugeriu que talvez um dia pudessem fazer um *ménage a trois*. Tudo isso no primeiro encontro!

Mas pense na barreira interessante que ele ergueu no caminho de qualquer mulher que quisesse ficar íntima demais (dele ou de seu dinheiro, talvez). Para as mulheres em sua cidade natal no sul da Califórnia, ele tinha uma amante/ namorada que servia como uma espécie de acompanhante invisível, jogando água fria na atividade em andamento. E quanto à namorada bissexual — bem, ele a mantém sempre ao alcance, insistindo em que não se mude de São Francisco para o sul da Califórnia, embora ela aprecie muito a idéia. (E a gente se pergunta: a bissexualidade é a barreira dela para impedi-lo de fugir?)

Assim, o medo de ser engolido e infantilizado pela "mãe" é obviamente muito, muito forte. E, em algum nível, entendemos, consciente ou inconscientemente, esse medo, e assim tentamos vencer nosso maternalismo. Algumas de nós ficam rudes, astutas e duras. Tornam-se profissionais fortes, musculosas, independentes, meio embrutecidas e um pouco frágeis. Algumas de nós cobrem de açúcar as exigências com pequenos maneirismos infantis — "Ooooh, Bobby, faria o favooor de levar o lixo para mim?" Algumas de nós se vestem como prostitutas, ou usam calça jeans e bonés de beisebol para proclamar: "Somos apenas um dos meninos. Verdade! Não tenha medo! Só se afaste enquanto eu rebato uma bola curva e roubo a segunda base."

Moças e cabras

Fazemos tudo isso num esforço para dizer: "Não, não somos maternais. Não somos iguais à sua mãe!" Por quê? Porque sabemos que, tão logo nos transformemos na mãe metafórica, o parceiro vai ter de encontrar uma intrusa para criar um triângulo. Ela representa o desconhecido. E, em geral, é do tipo gatinha, não necessariamente inteligente nem realizada. É diferente. De fato, às vezes a intrusa é uma cabra, exatamente como na excelente peça *Quem é Silvia?*, de Edward Albee.

Mas, ainda assim, no íntimo de nós há vulnerabilidade e suavidade. Dentro, escondemos essa dor pelo *maternalismo*. E assim, quando aparece um homem de quem realmente, realmente gostamos e a quem damos o coração, queremos relaxar.

Muitas vezes, após todas essas lutas para continuarmos jovens, magras, independentes e fortes, nos apaixonamos por um homem e de repente desabamos no acolchoado ardor e conforto do amor dele. Queremos ficar em casa e nunca mais sair. Queremos aconchegar-nos sob as cobertas, onde é seguro, quente, e tomar café-da-manhã na cama — pãezinhos e café com creme de verdade. Queremos preparar suculentos guisados e pendurar algumas cortinas de renda.

Você entende, trata-se do mesmo princípio encontrado no jejum e comilança. Nós nos tornamos só "meninas", negando a existência de nosso maternalismo, até que um dia temos um saboroso gostinho de sermos maternais, suaves, e o devoramos como a mulher que se privou de chocolate durante anos. Não conseguimos parar. Nem fingimos ser indisponíveis, ocupadas, independentes ou um pouco frias. "Meu Deus, é chocolate — quer dizer, é um homem na minha cama, e realmente, realmente gostoso! E eu quero mais e mais e mais, e me empanturro, empanturro, empanturro!"

Então um dia dizemos ao nosso homem que pare de espirrar água em volta da pia, e de repente ele anuncia que está afundando nos lençóis de Laura Ashley, grita que não consegue respirar e corre para a porta quando nos agarramos à batata da sua perna direita, chorando: "Eu preciso de você!"

O complexo de uma coisa/ou outra

No extremo oposto, algumas mulheres são completamente "mães", privaram-se da "menina" interior independente e aventureira. Tendem literalmente a ser mães. Adoram cuidar dos outros. Gostam de assar pães. Raras vezes saem de casa. Vivem redecorando e fazendo artesanatos para os feriados. Gostam de ir ao shopping porque é grande, seguro e quente — como um útero grande e feliz. Os homens na verdade adoram essas mulheres. Elas os fazem se lembrar das mães. Mas esses mesmos homens encontrarão uma "menina" que trará um pouco de sexo quente. E a maternal? Um dia ele vai acordar e dizer: "Não sou um bebê! Sou um homem! Aja como tal!" E ele gritará de volta: "Por que você nunca mais usou um bustiê, um fio dental e rebolou pela casa como uma vadia?"

Comemore sua dualidade

Você entende o problema — se formos só meninas ou só mães, vamos criar um desequilíbrio emocional. Sabendo disso, a resposta a como manter o motor do homem funcionando é bem objetiva. Precisamos nos esforçar para alcançar o equilíbrio. Precisamos abraçar nossa própria dualidade. Freud chama essa dualidade de a mãe e a prostituta. Eu acrescento Heathcliff e Linton para mostrar a dualidade aplicada à psique feminina, porque acredito que tanto os homens quanto as mulheres a vivem como conseqüência inicial da percepção de que a mãe — primeiro objeto de amor — foi "infiel" a eles com o pai. Eis as qualidades inerentes a cada arquétipo:

Heathcliff/Prostituta	Linton/Mãe
* Aventureira	* Segura
* Imprevisível	* Previsível
* Independente	* Dependente
* Solta no mundo	* Caseira
* Egocêntrica	* Altruísta
* Desligada	* Protetora
* Livre	* Centrada
* Energia yang	* Energia ying
* Externa	* Interna

Assim, como mulheres, sabendo isso sobre nossos homens, como integrar em nosso íntimo a dualidade de prostituta e mãe — como se pode ser livre e dependente? Distante e protetora? Ser ao mesmo tempo imprevisível e centrada nos outros?

Mas há ainda uma importante função inerente à divisão de mãe e prostituta. Para o homem, essa divisão cria um triângulo no qual ele é o centro entre duas mulheres. Uma delas é a "mãe". Como figura parental, ela cria um obstáculo, uma barreira que o impede de se desgarrar totalmente e se distanciar demais com a(s) prostituta(s). O falecido psicanalista Stephen A. Mitchell chama esse fenômeno de "Fera na Coleira", no qual o macho poderia criar uma situação em que é "uma criatura selvagem, perigosa e pansexual, que, se não fosse o controle delas sobre ele, violentaria todas as mulheres na vizinhança".

Nós também criamos triângulos. Muitas vezes, vamos encontrar um macho paternal para nós, instalá-lo como nosso namorado confiável, firme, e depois ficar de olho no selvagem macho Heathcliff. Algumas de nós gostam de fantasiar sobre dois homens brigando por nós, competindo por nossas atenções, assim como talvez quiséssemos que nossa mãe e pai prestassem atenção em nós, em vez de em si mesmos. Que atrevimento!

Em última análise, os homens e as mulheres estabelecem triângulos. Precisamos ambos da figura barreira/obstáculo/parental para acrescentar atrito, tensão, e uma figura autoritária que nos permita fazer o papel de meninas más e conquistar nosso objeto de desejo com a sensação de drama que apenas o proibido pode trazer à tona. Um representa o *anima*, o outro, o *animus*.

Teoria de Lucy/Ricky

Se você se lembra do antigo seriado de humor da televisão norte-americana *I Love Lucy*, saberá o que quero dizer: quase todo seriado atual de humor tem sua versão da Lucy e do Rick. Lucy é um feixe de contradições. É esposa e mãe dedicada, mas vive batalhando. Vive se metendo em encrencas, mas é sempre perdoada. Parece uma criança, mas inteligente, muito ambiciosa, e de vez em quando empreendedora. É a estrela do seriado, mas não do número de boate de Ricky. Na verdade, tem de lutar e enrolá-lo para entrar no número. Apesar disso, o show é dela. Lucy é a criadora de confusão, a personalidade que se metamorfoseia, a eterna criança, e a que mantém a figura mais paterna, Ricky, aos seus pés. Ela faz isso alternando ser loucamente incontrolável e muito (tudo bem, às vezes não muito) contrita. Mais que isso, porém, Lucy e Ricky têm Fred e Ethel — vizinhos mais velhos do andar de cima —, que oferecem mais obstáculos, barreiras e figuras parentais.

Ricky ama Lucy porque ela é cheia de dualidades. Personifica a mãe e a prostituta. Ele nunca corre perigo de ser sufocado pela natureza feminina dela, porque ela vive em movimento, mudando de menina para adulta num piscar de olhos. É ao mesmo tempo Hillary Clinton e Monica Lewinsky, e embrulhadas numa única mulher.

Em algum nível, sabemos que os homens vicejam no encenamento de um triângulo, em que duas mulheres (a prostituta e a mãe) brigam por eles. Grande parte da literatura e da cinematografia gira em torno dessa luta de poder. Às vezes fazemos o papel da professora e às vezes da aluna. Às vezes somos a mãe e às vezes a menina má. Às vezes ele faz o papel de chefe e nós o de assistente. Às vezes ele é o republicano e nós o democrata. Às vezes ele é a Inglaterra e nós a Irlanda do Norte.

O tédio instala-se quando nos recusamos a abraçar nossa própria dualidade. Somos o tempo todo mãe e prostituta. O segredo não é dizer ao nosso homem esse fato óbvio, mas mostrá-lo.

Como encenar a briguinha

Uma forma é encenar a briguinha. Mas só se você se divertir um pouco ao fazê-lo. Escolha um lado: prostituta ou mãe, e depois (na próxima vez que sentir a atenção do seu homem dispersando-se) diga algo meio provocativo. Ah, e vista uma roupa fabulosa. Se fizer o papel da prostituta, vista o bustiê. Se o da mãe, tente um vestido típico da década de 1940.

Em seguida, pense na marcha do seu homem. Ela vai determinar em que medida você quer ser provocativa. Por exemplo, se ele é o especialista em finanças da casa, experimente comprar uma coisa cara e depois lacrimosamente "confessar o crime".

Há uma bela demonstração dessa técnica no ensaio de Cynthia Kling, *Staying Bad, Staying Married*. Ela conta que comprou um caríssimo suéter de *cashmere* e uma amiga falou sobre a compra ao marido de Cynthia. Seguiu-se uma batalha sobre o suéter na qual ele tentou coagi-la a devolvê-lo, mas ela fincou os pés e se recusou categoricamente. O conflito do suéter acalorou-se durante dias, a tensão cada vez maior. Não pensavam em muitas outras coisas, não conseguiam dormir, comer e levar o cachorro para passear. Tudo bem, eu inventei a última parte. O importante é que Cynthia acabou devolvendo o suéter, confessou que não gostara dele tanto assim. Mas, ao dar ao marido uma "vitória", e ao fazê-lo "sentir-se como um ditador sul-americano", ela infundiu muito mais tempero na relação conjugal. E aposto que fizeram muito sexo ardente depois.

Pense nisso: um suéter tem poucas conseqüências. Se deixarmos os nossos homens pegarem seu grande pau e brandi-lo para um suéter de *cashmere*, se mantivermos as chamas acesas, honraremos o pau dele e impediremos que a relação fique tediosa. O marido dela era, de repente, o pau enorme, que tinha de punir a esposa má, perdulária.

Metas triviais

A chave para encenar uma briguinha divertida e fazer com que isso entre no relacionamento é escolher um assunto inteiramente sem conseqüências, em torno do qual você queira brigar e depois ceder, como um suéter. E, por falar nisso, você também pode acusar o parceiro de alguma infração e puni-lo. É apenas justo, afinal. O segredo está em se afastar das áreas de verdadeira sensibilidade no relacionamento, mas por que não acusar o parceiro de ser insensível a... preencha a lacuna. ("Seu tirano! Como se atreve a me acusar de sempre perder as chaves? Por falar nisso, você viu minhas chaves?")

Você também passa a marcha à ré. Por exemplo, uma boa amiga me contou que o marido a pegou de surpresa no corredor do andar de cima. Segurou-a e virou-a de frente. Ao fazer isso, bateu o cotovelo dela na parede. Ela se queixou, e ele disse: "Ora, se você não fosse tão gorda, isso não teria acontecido." Minha amiga é tudo, menos gorda. E, assim, usou a oportunidade para se indignar contra a crueldade dele e criar uma cena. O marido acabou pedindo perdão e fizeram um sexo delicioso para comemorar as pazes.

Ora, muitas de vocês dirão que isso é desonesto! É manipulação! É fazer joguinhos!

É mesmo, e daí? Você não quer se divertir um pouco? Não quer apimentar a vida amorosa? Não quer impedir o homem de dar escapadas com Monica Lewinsky? Não quer guardar toda aquela obsessão prostituta/mãe em casa? A resposta é abraçar sua dualidade.

Além disso, acusar as mulheres de serem manipuladoras e fazerem jogos é apenas outra forma de nos marginalizar, desvalorizar nossa natureza feminina e nos fazer agir mais como os homens. É do interesse masculino nos separar de nós mesmas. É proveitoso para eles ter todas as prostitutas num lado da cidade e todas as mamães bem comportadas no outro. Mas isso não passa de outra forma de servidão, e eu estou lhe dizendo agora que, ao abraçar sua própria dualidade, você vai fazer com que os homens se emperti-guem, notem e prestem atenção (antes que você mais uma vez mude de idéia).

Jamais seremos previsíveis. Jamais seremos apenas uma coisa ou outra. Abraçaremos nossos eus sexuais, mutáveis, selvagens, ligados ao lar, livres, loucos, racionais, egocêntri-cos e abnegados.

Guia de B.F. Skinner para levar os homens à loucura

Pense na pesquisa de B.F. Skinner sobre o comportamento humano. Ele a fundamentou nas descobertas de Pavlov de estímulo e resposta. Você sabe, o cara que toca a campai-nha e nos dá presentes. Depois de algum tempo, ele nem sequer precisa usar os presentes, porque basta a campainha para obter a mesma resposta. Skinner descobriu que há três tipos de comportamentos nos relacionamentos humanos. O primeiro é o da pessoa boa, boa, boa, boa. O segundo é o da pessoa mesquinha, mesquinha, mesquinha, mesquinha. E o terceiro é o da pessoa boa, boa, boa, *mesquinha!* De-pois mais uma vez boa, boa, boa, antes de fazer uma coisa muito má. Como se ficou sabendo, Skinner descobriu que a maioria das pessoas se apaixona pelo terceiro tipo de per-sonalidade — a incoerente. Por quê? Porque em geral nos sentimos mais cheios de vida na presença de alguém volú-vel, que pode nos recompensar, mas também nos punir.

Esse é o segredo para o coração do homem. Puna-o! Não, é brincadeira. Eis o que você precisa fazer primeiro:

ser boa, boa, boa, boa. Seja amável, animada, compreensiva e bondosa. Comporte-se, não beba demais, vista-se como uma dama, seja educada, conveniente e inteligente. Prepare-lhe um jantar gostoso, ria das piadas dele, elogie-o, e depois de algum tempo durma com ele. Então, muito de vez em quando — morda-o. Seja má, difícil, do contra, e muito, muito desobediente!

Não é tão fácil como parece. E o estilo da desobediência precisa ser específico para o seu relacionamento e combinar com a sua personalidade, com as barreiras que você criou ao longo do caminho e com a marcha do seu homem. Em essência, como armar a briga e como se comportar mal são fatores determinados por todas essas coisas confusas que fazem parte da criação de seu mapa individual para Eros. Pense nos traumas de infância, nas fraquezas de adolescente, nos desejos secretos, nas necessidades básicas e nas lembranças vívidas do parceiro. Tudo isso entra na mistura. Ah, sim, e em sua própria dualidade. Abrace-a e equilibre a prostituta com a mãe, a menina má com a mulher boa.

Gloria Steinem tinha razão

Então, talvez Gloria Steinem, afinal, tenha acertado quando sugeriu que encontremos a igualdade no erotismo. Só que a igualdade não é entre homem e mulher, mas sim a que precisamos encontrar entre as duas metades de nossos próprios seres.

QUARTA PARTE

Como iniciar uma revolução

capítulo doze

Pegue de volta o mês do sexo

É hora de boicotar!
Marque em seus
calendários

> "Apertem os cintos. Vai ser uma noite instável."
>
> — Bette Davis como Margo Channing em *A Malvada*

Os homens estão com a faca e o queijo na mão. E sabem disso. Enquanto isso, continuamos a nos curvar para satisfazê-los. Dormimos com eles no terceiro encontro. Abrimos mão de todos os nossos amigos por eles. Ficamos esperando que eles liguem. Ou nós ligamos, na hora marcada por eles. Usamos as roupas que eles gostam, os saltos, os sutiãs que levantam os seios, e perdemos horas de sono preocupadas com o que pensam e por que não nos ligaram de volta; e quando perguntamos o motivo, nos dizem: "Simplesmente não estou tão a fim de você."

Bem, eu lhes digo do que ele está a fim. Sexo!

É realmente muito simples. Os homens querem sexo e elogios. Nós queremos sexo e atenção. Mas, como criamos essa superabundância de oportunidades sexuais e um infindável banquete visual — um bufê liberado de sexo 24 horas por dia —, temos uma situação de megaloja nas mãos.

É assim que os homens pensam. Por que despender todo esse esforço e tempo com uma moça que o faz esperar e não se apressa em lhes conceder seus favores sexuais? Por que simplesmente não procurar a libertina que vai para a cama após um convite sexual on-line e algumas cervejas?

Se continuarmos com isso, também estaremos apoiando a mentalidade "megaloja" de sexo. E, lamentavelmente, se não cedermos com tanta facilidade e não apoiarmos a mentalidade desse tipo de sexo, acabaremos no banco de reservas, nos perguntando por que não temos encontros e vendo uma grande tabuleta em nossa agenda: "Atividades Encerradas". Foi isso que aconteceu com o romance. Ficou completamente desvalorizado e vendido a preços baixos por causa do sexo barato de garotas não engajadas.

Torne-se política

Então, o que vamos fazer? Porque a verdade é que podemos tentar iniciar uma revolução individualmente — fazê-lo esperar por sexo, flertar livremente, criar um séquito e erguer barreiras tentadoras —, mas, com todas essas outras garotas por aí que vão simplesmente abastecer e se entregar (muitas vezes sem classe, aliás), bem, temos uma árdua batalha pela frente.

A resposta é sindicalizar-se! Educar nossas irmãs! Boicote! Greve! Mulheres do mundo, uni-vos! Chega de sexo megaloja! Abaixo os encontros *fast-food*! Destruam o monopólio masculino! Tirem o sexo dele!

Sim, a revolução começa aí. Se não nos juntarmos numa frente unida e tirarmos o sexo deles, nada vai mudar. Juntas, podemos mudar o mundo.

Como? Primeiro vamos admitir que o paradigma atual não tem funcionado para nenhuma de nós.

Pensem na antiga comédia grega de Aristófanes, *Lisístrata*. Nessa excelente peça, Lisístrata convence todas as mulheres a se recusarem a fazer sexo com os amantes ou maridos até que eles baixem as armas e terminem a guerra entre Atenas e Esparta. E sabe de uma coisa? O plano delas deu certo. Portanto, eis o que sugiro.

Começa o boicote

Marquem o mês de agosto em seus calendários. Por que agosto? Porque é o mês em que os psiquiatras, psicanalistas e psicoterapeutas tradicionalmente tiram férias, e além disso, agosto é quente e pegajoso.

Esse agosto vai ser mais quente e pegajoso que nunca.

Se é o sexo que motiva os homens, que faz com que elaborem e planejem estratégias, e até participem de seminários sobre como se dar bem com as mulheres, então vamos pegá-los de volta. Vamos interromper a gula e pôr nossos homens de dieta. Chega de sexo fast-food. Eles andam tão saciados, tão viciados nas entradas e saídas fáceis que esqueceram como é realmente o sexo bom. E com certeza perderam a arte da conquista e do amor duradouro. Eis o que aconteceu. Em algum lugar no seu DNA primitivo, aprenderam a caçar comida, e como a comida nem sempre estava à disposição, os corpos deles criaram a capacidade de armazenar gordura para mantê-los vivos durante os períodos de fome. Mas o homem moderno, que vive numa era de superabundância e disponibilidade de ilimitadas opções de comida, engordou.

Bem, o mesmo ocorre com o sexo. O instinto da caça continua presente, mas adormecido, porque oferecemos uma infinidade de oportunidades sexuais (reais e imaginárias), e os homens simplesmente ficaram preguiçosos. Demos aos caçadores um enorme supermercado de sexo transbordando de descontos. Aberto 24 horas por dia. Vêem-se preços baixos e centenas de ofertas todos dias. Uma excelente política de retorno — sem perguntas. Há centenas de tipos, sabores, tamanhos e formas. Instantâneo! Ah, e cheio de ingredientes artificiais. Bem-vindos à megaloja de sexo!

Ai de mim!

Tudo bem, acontece. O que se pode fazer? Como fechar as portas a essa monstruosidade da vida moderna? Como fazer os homens se religarem aos instintos primitivos, levantarem os traseiros gordos e trabalharem de verdade na conquista de nossos corações? Como fazermos o alarme soar?

Sindicalizem-se!

Se nós, mulheres, trabalharmos juntas, poderemos despertar de verdade esses brutos e virar de cabeça para baixo o mundo do galanteio. Pense em toda força de vontade que temos para perder peso. Nos regimes de exercício físico, dietas, nos planos cuidadosamente orquestrados de autoaperfeiçoamento. Agora vamos usar esse poder, espírito, criatividade e força de vontade para pôr os homens na linha de novo. Durante muito tempo nós os deixamos tratar o amor como uma corrida de carros envenenados — tudo feito e liquidado em cinco minutos. Vamos trazer de volta os ideais da maratona de carros esportivos *Le Mans Endurance*. Não se trata de força e habilidade, mas de resistência. Esse é o tipo de homem que você quer: o homem com resistência. O homem lisonjeiro, forte, pré-fast-food, direcionado, concentrado e disposto a largar o controle remoto e reconquistar seu coração repetidas vezes.

Vamos trazer de volta o romance. Francamente, durante os últimos 35 anos o romance foi jogado pela janela por sexo puro. E, sim, sexo é bom, mas sem um certo grau de romance, paixão, aventura e luta, é chato. Estamos na sobrecarga, agora. O que é proibido? O que é esquisito? O que é secreto? O que é sujo? O que é realmente tabu? Não muita coisa, porque a cultura popular capitalizou o mistério sexual feminino, transformando as mais secretas fantasias em forragem para programas de TV a cabo da madrugada. É outra forma de nos degradar, desvalorizar nosso sexo e criar uma atmosfera de aparente superabundância. É, mais uma vez, a mentalidade de megaloja. Inundem o mercado. Abaixem os preços. É outra tática para fazer as mulheres acreditarem que seu sexo vale pouco, porque obviamente todas as outras garotas do país expõem os seios em *Girls Gone Wild* e fazem de tudo para ter uma relação sexual com um canalha em *Elimidate*, reality show de encontros na TV, ou pela atenção do astro do rap Flavor Flav, quando na verdade nada disso acontece! É simplesmente um desejo masculino. Mas tritura a mente inconsciente, e os espectadores — homens e mulheres — começam a acreditar que é verdade. Enquanto isso, nossos sentidos ficam embotados e saciados, e o poder de nosso sexo vai aos poucos sendo diminuído pelo excesso de exposição.

Mas, você sabe que — e aí vai a boa notícia — isso jamais acontecerá completamente. Nosso sexo sempre será misterioso e mágico, ameaçador e cativante, fascinante e impressionante.

Peguem o sexo de volta!

Vamos pôr o sexo de volta no sexo. Descobrir nossos lados sombrios, os modificadores de nossa forma, os secretos e obscuros cantos de nossas psiques sexuais.

Vamos trazer de volta a arte de flertar sem transar. Insistir em sermos verdadeiramente conquistadas, lisonjeadas e cortejadas. Imagine só: um mundo onde os homens e as mulheres se encontram em grupos e a sós, vão a festas, concertos e bares, e flertam à vontade. Esses flertes não acarretam peso algum, nenhuma promessa de mais alguma coisa. São apenas para diversão e prazer. Formam-se amizades. Criam-se paixonites. E depois, sim, de vez em quando, esse flerte passa a ser uma coisa mais profunda, mas não por muito tempo. Como mulheres, não merecemos um pouco de tempo e espaço (assim como levamos mais tempo na cama, e queremos mais), não devíamos exigir isso em nossos namoros? As revistas femininas nos aconselham a fazer os homens reduzirem a marcha para que possamos ter prazer. Então por que não fazer o mesmo antes de irmos para a cama — não reduzir a marcha aí? A verdade é que fazemos pouquíssimas exigências. Queremos romance. E, por falar nisso, romance nada tem a ver com o cara gastar um monte de dinheiro. Mas com não se apressar, com as boas maneiras, bondade, atenção, concentração e a verdadeira corte.

Pensemos globalmente. Se todas nos juntarmos, os homens do mundo vão espichar o pescoço, prestar atenção e mudar de modos. Precisamos nos unir por essa causa. Todas nós. Se você tem vinte e poucos anos, talvez pareça fácil, divertido e legal dar uma rapidinha com o vendedor de uma lojinha descolada. Afinal, a idéia de casamento talvez esteja muito distante e você queira experimentar, aprender sobre a vida, divertir-se e experimentar tudo. Mas a verdade é que, se ficar ocupada dormindo com um bando de caras e não ser séria com nenhum deles, estará distraída demais para notar quando surgir sua *bashaert*, a verdadeira alma gêmea. Você sabe, aquele cara com quem gostaria de passar a vida toda. Também, se mora numa cidade pequena ou se muda para um grupo específico, a notícia logo se espalha.

Livre-se dos canalhas!

E se você tem 25 anos e dorme com um cara de quarenta e tantos, bem, há o carma. Muitos desses cavalheiros são sérios, mas cuidado com os canalhas. São caras que começam aos 19 e transam sem se envolver com várias ao mesmo tempo, até chegarem aos quarenta, quando descobrem que as mulheres da mesma idade dele acordam e dizem: "Escute, eu gostaria de me casar e ter filhos algum dia." Alguns imaginam que vão continuar galinhando por mais 25 anos. Às vezes, já mais velhos, usam o dinheiro para se aproveitar das mais jovens e fingir que são moderninhos, mas, na verdade, são vampiros roubando nossa juventude. Muitas vezes acordamos um dia e descobrimos que temos 35 anos e desejamos muito ter um filho, e é aí que o vampiro faz sua acelerada e misteriosa saída. Sabendo disso, comece a pensar com antecedência sobre quem é sua alma gêmea, e, por favor, não gaste tempo e juventude com canalhas, salafrários, patifes ou o esteta *bon vivant* que circula pela cidade, que hoje está aqui e amanhã já se foi.

Se boicotarmos esses playboys e os obrigarmos a se tornar sérios, isso vai criar todo um novo recurso de homens disponíveis para a turma com mais de 35 anos. Eles vão ter de começar a procurar mulheres da mesma idade, para variar. No entanto, todas precisamos levar nosso sexo a sério e parar de transar por transar, porque, se dormirmos com qualquer cara em que esbarrarmos, é muito grande a chance de jamais notarmos a alma gêmea quando ela entrar tranqüilamente em nossa vida. Vamos estar ocupadas demais indo para a cama com Bob, Joe, Mark, Tom e Fred. O problema dos múltiplos encontros é que jamais chegamos a conhecer o cara de verdade, nunca aprendemos a nutrir realmente um relacionamento e fazê-lo aprofundar-se, e por isso é mais fácil livrar-se de um cara e pegar outro. Mas, um dia, você vai acordar de repente e descobrir que aconteceu uma coisa terrível: você perdeu o senso de confiança e começou a se sentir velha (e isso pode acontecer aos 20 e poucos anos).

Mas eis o que você pode fazer já, tenha 20 ou 70 anos. Unir-se!

Marquem os calendários para agosto

Aproveitemos a dica de *Lisístrata*. Só haverá sexo quando os homens satisfizerem nossas exigências. E se esperar um mês por sexo parecer incrivelmente difícil, compre um bom vibrador, dê uma boa cavalgada, aprenda a tricotar, ou vá para a Itália e tenha uma ligação internacional secreta.

E como passaremos agosto? Eis o que proponho. Vamos nos reunir em bares/clubes/qualquer lugar de solteiros. Usar roupas maravilhosas, pedir drinques e nos divertir, rir e flertar muito. (Ah, e não se esqueça de ter um motorista bloqueador de pau). Ninguém vai para casa com um cara. Façamos reuniões só de meninas à la *Sex and the City*. Que tal festas de pijama? Noite do cosmopolitan? Escrevamos nosso próprio manifesto de acasalamento e criemos uma terceira onda de conscientização. Retomemos o sexo de volta. Freqüentemos atividades que incentivem o romance e o namoro. Ofereçamos festas de revolução sexual. Formemos clubes. Abramos nossas próprias empresas que promovam romance e galanteios. Sim, amor! *Vive la révolution!*

Obras citadas

Ackerman, Diane. *Uma história natural dos sentidos.* Rio de Janeiro: Bertrand

Bakos, Susan Crain. *What Men Really Want.* Nova York: St. Martins Press, 1990.

Bentley, Toni. "Toni Bentley Defends Her Saucy Confessional." *New York Times,* 22 de nov. de 2004.

Berkowitz, Elana. "Are You With Him? Why Yes, Want to Date Him?" *New York Times,* 10 de out. de 2004. Seção 9.

Copeland, David e Ron Louis. *How to Succeed with Women.* Nova Jersey: Parker Publishing Company, 1998.

David, Anna. "Friends with Benefits." *Razor,* out. de 2004.

Denizet-Lewis, Benoit. "Friends, Friends with Benefits and the Benefits of the Local Mall." *New York Times Magazine,* 30 de maio de 2004.

Doane, Mary Ann. *The Desire to Desire.* Indiana: Indiana University Press, 1987.

Elder, Rachel. "What Up, Wimpster?" *Bust,* verão de 2004, p.48-51.

Fein, Ellen e Sherrie Schneider. *As regras do casamento.* Rio de Janeiro: Rocco, 2005.

Flora, Carlin. "Chemistry Lessons: Making Love's First Blush Linger On." *Psychology Today,* set./out. de 2004.

Freud, Sigmund. *Sexuality and the Psychology of Love.* Ed. Phillip Rieff. Nova York: Touchstone Books, 1997.

Gerstman, Bradley Esq., Christopher Pizzo, CPA, e Rich Seldes, MD. *O que os homens procuram.* Rio de Janeiro: Campus, 1999.

Gettleman, Jeffrey. "Rape Case Stuns Parents, Engrosses Students." *New York Times,* 10 de out. de 2004. 41N.

Gray, John PhD. *Homens são de Marte, mulheres são de Vênus.* Rio de Janeiro: Rocco, 1996.

Green, Penelope. "Books of Style: An Exultation of a State of Mind: Bohemian Manifesto." *New York Times,* 24 de out. de 2004. ST12.

Hanauer, Cathi. Ed. *The Bitch in the House.* Nova York: Perennial, 2002.

Hirschberg, Lynn. "The Redeemer." *New York Times Magazine,* 5 de set. de 2004. 26.

Jacobs, Andrew. "Call Girls, Updated." *New York Times,* 12 de out. de 2004. B1.

John, Warren St. "In an Oversexed Age, More Guys Take the Pill." *New York Times,* 14 de dez. de 2003. Seção 9.

Jung, C. G. *Memórias, sonhos, reflexões.* Rio de Janeiro: Nova Fonteira, 2006.

Kerner, Ian PhD. *She Comes First.* Nova York: Reagan Books, 2004.

Marin, Rick. *Cad: Confessions of a Toxic Bachelor.* Nova York: Hyperion, 2003.

Martin, Steve. *A balconista.* Rio de Janeiro: Record, 2002.

Mitchel, Stephen A. *Can Love Last?* Nova York: W.W.Norton & Company, 2002.

Moore, Doris Langley. *The Technique of the Love Affair*. Ed. Norrie Epstein. Nova York: Pantheon Books, 1999.

Kipnis, Laura. *Against Love: A Polemic*. Nova York: Pantheon Books, 2003.

Paglia, Camille. Ed. *Sexo, arte e cultura americana*. São Paulo: Companhia das Letras, 1993.

Pollitt, Katha. "Learning to Drive." *New Yorker*, 22 de jul. de 2002, p.36-40.

Roiphe, Katie. *Last Night in Paradise*. Nova York: Little, Brown & Company, 1997.

Shalit, Wendy. *A Return to Modesty*. Nova York: Touchstone, 1999.

Shulevitz, Judith. "Danger: Romantic Love." *New York Times* Book Review, 10 de fev. de 2002, p.27.

Sobel, Beth. "Girl Magnet." *New York Post*, 4 de jun. de 2004, p.39-40.

Sohn, Amy. "The Enablers." *New York Post*, 22 de nov. de 2004, p.66.

Swift, Daniel. "What's Love Got to Do with It?" *New York Times* Book Review, 3 de abr. de 2005, p.31.

Wolf, Naomi. *The Beauty Myth*. Toronto, Canada: Vintage Books, 1990.

Bibliografia

Argov, Sherry. *Porque os homens se casam com as manipuladoras*. Rio de Janeiro: Best Seller, 2008.

Berkowitz, Bob e Gittines, Roger. *What Men Won't Tell You but Women Need to Know*. Nova York: Avon Books, 1990.

Breton, Andre. *Nadja*. Nova York: Grove Press, 1960.

Clink, Tony. *The Layguide*. Nova York: Citadel Press, 2004.

Faldi, Susan. *Backlash: o contra-ataque na guerra não declarada contra as mulheres*. Rio de Janeiro: Rocco, 2001.

Foucault, Michel. *Madness and Civilization*. Nova York: Vintage Books, 1973

Friday, Nancy. *My Secret Garden*. Nova York: Pocket Books, 1973.

———. *Our Looks, Our Lives*. Nova York: Harper Paperbacks, 1996.

Greene, Robert. *A arte da sedução*. Rio de Janeiro: Rocco, 2004.

Jong, Erica. *Medo dos cinqüenta*. Rio de Janeiro, Record, 1997.

Phillips, Adam. *Monogamy*. Canada: Vintage Paperback, 1999.

———. *O Flerte*. São Paulo: Companhia das Letras, 1998.

Slater, Lauren. *Opening Skinner's Box: Great Psychological Experiments of The Twentieth Century*. Nova York: W.W. Norton & Company, 2005.

Sprengnether, Madelon. *Crying at the Movies*. Minnesota: Graywolf Press, 2002.

Steinberg, David. Ed. *The Erotic Impulse*. Califórnia: Jeremy P Tarcher/Perigee, 1992.

Vogler, Christopher. *A jornada do escritor*. Rio de Janeiro: Nova Fronteira, 2006.

Agradecimentos

Os homens muitas vezes dizem que existe uma rede de comunicações secreta de meninas, onde a gente se reúne todo mês durante a lua cheia no topo do desfiladeiro Topanga e discute *tudo* que cada homem solteiro no mundo inteiro disse ou fez.

Bem, sabe de uma coisa? *É verdade!*

Enormes abraços de gratidão vão para a minha não tão secreta rede de meninas, por partilharem suas histórias e oferecerem apoio e encorajamento: Iris Levy, Laurie (*You Have to Kiss a Lot of Frogs* [Você Tem que Beijar Montes de Sapos]) Graff, Leora Skolkin-Smith, Elizabeth Gold, Tess Link, Jamie Diamond, Vicki Hoffer, Betsy Aaron, Marcie Hoffman, Caroline Rosenstone, Jessica Lee, Joanna West, Mary Garipoli, Adele Reina, Margo Perin, C.J. Golden, Susan Dunigan, Margaret McCarthy, Tina DeMarco, Kit Reuther, Ellen Kesend, Lesley Goren, Claudia Kuttner, Susan Yolen, Joy (*Housewives on Prozac* [Donas de Casas que Tomam Prozac]) Rose, Vicki Juditz, Janet Fitch, Tina Stephens, Christie LeBlanc e Daphne Kalatoy. Meninas, vocês arrasam!

E os homens — ah, meus companheiros, eu amo vocês! Muito obrigada (só os primeiros nomes, *por favor!*), Roberto, Frank, Devin, Richard, Ted, David, e todos os membros de meu delicioso séquito.

Reverencio meus mentores/heróis — Eric Epstein, Sy Klausner e Richard Walter. Obrigada, Werner, por me socorrer. Obrigada, Ian Kerner, Ph.D. (*Be Honest — You're Just Not That Into Him Either* [Seja Honesta — Você ainda não está apaixonada por ele mesmo]) por toda sua generosidade. Obrigada, Pat Quinn, por acreditar em mim. Obrigada, Susie Bright, por me incluir na *Best American Erotica.*

E obrigada, Peter Pruce — se não fosse você, eu teria de digitar no chão!

Agradecimentos especiais a The Stromboli Eight e aos meus brilhantes alunos wesleyanos.

Norrie Epstein, eu não a conheço, mas o dia em que você decidiu reeditar o livro *The Technique of the Love Affair* [A técnica do caso de amor], de Doris Langley Moore, mudou minha vida. Você me deu minha musa e sou grata por isso.

Minha gratidão ao Virginia Center of the Creative Arts por me conceder uma bolsa de estudos internacional para a Oberphfalzer Kunstlerhaus, onde escrevi grande parte deste livro. Obrigada, Stephen Dunn, pela bolsa de estudos da Eastern Frontier Society. Sei que escrevi em minha proposta que estava trabalhando num romance, mas, bem, a verdade é que comecei a escrever este em vez daquele — talvez tenha sido todo aquele vinho e a lagosta tenra!

Beijos para minha colega de oficina, Lindsay Ahl, em Santa Fé, que me fez continuar seguindo em frente quando o caminho se tornou acidentado.

Obrigada, minha brilhante, bondosa e leal agente Julia Lord. Você mudou minha vida. Obrigada, Deb Werksman, minha assistente editorial de extraordinária sabedoria, da Sourcebooks.

Obrigada, meu talentoso e batalhador estagiário Eric — o James Dean do novo milênio.

Obrigada, pai, por me falar do tempo antigo, por namorar minha mãe, por se casar com ela e sobreviver à Segunda Guerra Mundial, para que eu pudesse nascer.

Obrigada, minha linda filha, Callan, por — bem, apenas porque sim.

E, por fim, obrigada, Bill. Eu amo você!

Sobre a autora

A ficção de Jamie Callan foi publicada em *Best American Erotica*, *The Missouri Review*, *American Letters & Commentary* e *Story*. Ela recebeu bolsas de estudo e subvenções do Conselho Estadual de Artes de Nova York, da Conferência de Escritores Bread Loaf e da Comissão Estadual de Artes de Connecticut. Bacharel em literatura do Bard College, mestra de redação criativa do Godard College e mestra de roteiros cinematográficos da Escola de Teatro, Cinema e Televisão da UCLA, Jamie ensina redação no Programa de Graduação de Estudos Liberais da Wesleyan University.

Ela é casada e mora em Woods Hole, Massachusetts.

Você pode visitar Jamie em www.JamieCatCallan.com

Este livro foi composto na tipologia Minion-Regular,
em corpo 11,5/15,5, impresso em papel offwhite 80g/m²
no Sistema Cameron da Divisão Gráfica
da Distribuidora Record.